LES PROTOCOLES
DES SAGES DE SION

SERGUEI ALEXANDROVITCH NILUS

Édition 1943

Éditions C.E.A.
Autorisations N° 22.346
Imp. Spéciale des Éditions C.E.A.
--------- PARIS ----------

Exegi monumentum ære perennius
Un Serviteur Inutile, parmi les autres

6 mars 2019

INTRODUCTION

La genèse de Protocoles

Les « *Protocoles des Sages de Sion* » sont la consignation écrite de conférences faîtes en trois séances, et groupés en vingt-quatre parties consacrées au programme politique, économique et financier de l'établissement de l'hégémonie mondiale juive. Les recherches les plus récentes démontrent que ce programme n'a pas été arrêté, comme beaucoup le croyaient, au premier Congrès sioniste de Bâle en 1897 ; il n'a pas non plus été rédigé par des Sionistes et n'a rien à voir avec le Sionisme. En 1925, le grand-maître de l'antisémitisme Théodhor Frisch avait écarté l'hypothèse qu'un plan sioniste, en écrivant lui-même dans la revue « *Hammer* » d'avril (n° 547) :

> « *Il faut encore dissiper un malentendu. Nous avons réfuté dès début la désignation* « Protocoles Sionistes ». *tout d'abord, il ne saurait s'agir de Protocoles, c'est-à-dire de consignations de conférences, mais bien de directives et de thèses formant un programme politique. D'autres part, il y a lieu de faire remarquer que ces Protocoles n'ont rien de commun avec l'Association Sioniste fondée par le docteur Herzl et dont le but principal est la constitution d'un État juif en Palestine. Par* « Sages de Sion », *il faut évidemment entendre les grands chefs spirituels du Judaïsme, le Conseil Suprême du Judaïsme, pour ainsi dire, — assemblée analogue à celle du Sanhédrin et dont le programme est fixé par les protocoles. Le titre* « Programme des Sages de Sion » *serait donc beaucoup plus exact.* »

La raison pour laquelle Fritsch a tout de même intitulé sa brochure « *Les Protocoles Sionistes* » n'apparaît pas clairement.

Le premier éditeur des Protocoles, le Russe. Nilus, dont nous reparlerons plus tard, écrivait déjà (édition de 1911, p. 54).

« Il faut par ailleurs reconnaître que la désignation du manuscrit ne correspond pas exactement à l'esprit du texte. Ce ne sont pas des protocoles, mais des conférences faites par un personnage influent divisées en plusieurs parties qui ne s'enchaînent pas toujours logiquement entre elles. »

Cela est parfaitement exact, mais Nilus qualifia néanmoins chaque partie de «protocole», ce qui amena par la suite les traducteurs à commettre une très grave erreur. Ils crurent pouvoir conclure qu'il y avait eu vingt-quatre séances secrètes, et intitulèrent en conséquence chaque partie « Séance ». Cette interprétation arbitraire est en complète contradiction, avec le texte des « Protocoles » (Nous sommes obligés de conserver ce titre, utilisé antérieurement). Il ressort nettement du texte qu'il s'agit d'une conférence répartie sur trois séances, d'environ une heure chacune. Dans le Protocole 20, l'auteur lui-même emploie le mot « conférence ».

La première conférence comprend les parties 1 à 9 et traite du programme destructif : Excitation à la discorde au sein des partis ; Extermination de la noblesse et des grands propriétaires terriens ; Provocation de crises économiques et de troubles parmi les ouvriers ; Action de désagrégation par la presse ; Confusion de l'opinion publique ; Dépravation de la jeunesse ; Sapement de la justice ; Lutte contre la religion.

La deuxième conférence comprend les parties 10 à 19. Il s'agit bien d'une autre conférence et d'une autre date, ainsi que le prouve nettement l'introduction (Prot. 10, 1) : *« Je commence cette fois par une répétition de ce que j'ai dit antérieurement. »* Le conférencier traite du programme constructif : de la constitution de l'État, de la position des représentants du peuple, de l'organisation de la presse, de la législation, de la justice, de l'instruction publique, de l'organisation de la police.

La troisième conférence — parties 20 à 24 — débute par la phrase : *« Aujourd'hui, nous parlerons du programme financier. »* Le conférencier traite des impôts, de la circulation de l'argent, du budget de l'État des emprunts publics et finalement de la position du Souverain. Cette conférence semble avoir été exceptionnellement courte, ce qui s'explique du fait que le Manuscrit parvenu à Nilus ne contenait pas les développements ultérieurs. On peut se rendre compte qu'il manque quelque chose d'après les paroles du conférencier (Prot. 16, 7) : *« Faisant suite à mes développements au sujet de notre programme actuel et futur, : je vous donnerais lecture des principes de ces théories. »* Cet appendice, qui manque malheureusement terminait la troisième conférence.

Quant à l'origine des Protocoles, ont en sait ce qui suit : Au printemps de 1895, un propriétaire terrien le commandant en retraite Alexeï Nikolaïevitch Soukhotine, « Maréchal de Noblesse », c'est-à-dire Président de L'Association des Nobles de la région, Habitant à Tchern (Gouvernement de Toula), reçut d'une Russe la copie du Protocole rédigée en langue française. Les recherches ont établi qu'en toute probabilité il s'agissait de Mlle Juliana Dimitrievna Glinka (1844-1918), fille d'un diplomate russe, vivant à Paris sous le nom de Justine Glinka et qui entre 1880 et 1890, avait déjà fait parvenir aux autorités de son pays des renseignements sur l'activité des révolutionnaires russes. Lorsqu'elle quitta Paris au printemps de 1895 et rentra en Russie, elle rendit visite pas hasard au commandant Soukhotine qui était de ses amis, et lui remit une copie des Protocoles qu'elle avait

obtenue d'une manière mystérieuse par un franc-maçon
français à Paris et rapportée en Russie. Soukhotine en fit
faire plusieurs copies qu'il remit a ses amis. Il a pu être
prouvé qu'il donna le premier exemplaire, en 1895, au futur
Conseiller d'État Philippe Petrovitch Stepanoff (mort est
1932), qui fit polycopier cet écrit dans la même année et le
fit imprimer en 1897 en petite quantité à l'intention de ses
amis et connaissances.

Plus tard, le russe Kruchevan, député à la Douma et
adversaire des Juifs, entra en possession d'un exemplaire
de cette édition, dont il fit publier le texte en abrégé et
en mauvaise traduction dans les numéros du 28 août au
7 septembre 1903 de son journal *« Zuamia »* (l'Étendard).

En été 1911, Soukhotine remit également une copie
des Protocoles à son ami le propriétaire terrien et écrivain
Sergueï Alexandrovitch Nilus (1862-1930) qui travaillait
alors à un ouvrage sur *« L'Antéchrist qui approche »*. Cet
ouvrage traitait de l'activité destructive des puissances
secrètes supra-nationales. Le livre intitulé *« Le Grand dans
le Petit et l'Antéchrist — une possibilité politique prochaine »*
se trouvait déjà sous presse (il parut est 1901) de sorte que
Nilus ne put y faire figurer les Protocoles. Il ne le fit que dans
la deuxième édition, qui parut est 1905. Par la suite, Nilus
fit publier (en 1911) une troisième édition, portant le titre
« L'antéchrist qui approche » et, en 1917, une quatrième et
dernière édition sous le titre *« Il est devant la porte »*. Nilus
décrit lui-même, dans L'édition de 1905, de quelle façon il
était entré en possession des Protocoles :

> *« J'ai réussi à obtenir la manuscrit par une personne qui
> m'était proche et qui est décédée depuis. »* (Il veut parler
> de Soukhotine). *« Il me fut remis il y a environ quatre
> ans, c'est-à-dire en 1901, avec la garantie qu'il s'agissait
> d'une copie exacte du document original, qu'une femme
> avait dérobé à l'un des chefs particulièrement influents
> de la Franc-Maçonnerie après une séance secrète des
> initiés en France, ce nid moderne de la conjuration
> maçonnique. »*

Nilus précise encore dans son édition de 1917 :

> *« Ce manuscrit me fut remis par le Maréchal de Noblesse de l'arrondissement. de Tchern, Alexeï Nikolaïevitch Soukhotine... Soukhotine nie dit à cette occasion qu'il avait reçu ce manuscrit des mains d'une propriétaire terrienne de l'arrondissement de Tchern, qui vivait continuellement à l'étranger. Je me souviens qu'il me dit également son nom, mais je l'ai oublié. Cette dame doit avoir obtenu le manuscrit d'une façon assez mystérieuse, probablement elle l'a dérobé. »*

D'après une déclaration faite au *« Welt-Dienst »* (Service Mondial) à Erfurt, le 24 mars 1936, par le fils de Nilus, Sergueï Sergueïevitch Nilus (1883-1941), qui était présent au moment où Soukhotine remit le manuscrit à son père, ce dernier écrivit intentionnellement qu'il avait oublié le nom de la dame en question, car Soukhotine lui avait fait promettre de ne pas révéler l'identité de l'intermédiaire tant qu'elle vivrait, afin de ne pas l'exposé à des ennuis.

Il ressort de tout cela que le document existait déjà à l'époque où eut lieu le premier Congrès Sioniste de Bâle, en 1897, et que ce document fut dérobé à un Sioniste. Si les Protocoles peuvent encore avoir un rapport avec le Congrès Sioniste, cela doit être attribué à deux citations. Dans l'édition de 1917, Nilus écrivait :

> *« Ce n'est qu'à présent que cela me parait croyable et que j'ai appris de sources juives que les Protocoles représentent le plan stratégique de soumission du monde par Israël, l'ennemi de Dieu. Ce plan fut élaboré par les chefs du Judaïsme pendant les siècles de la dispersion du peuple juif, et présenté par le Prince de l'Exil, Theodor Herzl, au Conseil des Anciens au moment du Premier Congrès Sioniste convoqué par lui à Bâle en août 1897. »*

C'est ce rapport qui a amené les éditeurs ultérieurs à admettre que les Protocoles furent discutés et arrêtés en vingt-quatre séances secrètes au Premier Congrès Sioniste à Bâle. D'après les développements de Nilus Herzl aurait eu sous la main un plan élaboré depuis fort longtemps par les chefs juifs, et qu'il aurait simplement présenté au

Conseil des Anciens. Nilus n'a pas prétendu que ce plan fût l'objet d'une résolution prise au Congrès de Bâle et fût ainsi devenu un programme sioniste. Il n'est pas impossible que l'auteur des Protocoles ait profité de la réunion des chefs juifs à Bâle pour leur faire connaître son programme d'hégémonie mondiale, et que Herzl ait distribué des copies de l'intéressant écrit à quelques-uns de ses amis.

Mais cette supposition n'est étayée par aucune preuve. Nilus semble avoir été victime d'une erreur. C'est précisément la question de l'origine des Protocoles qui constitua l'objet principal d'un procès qui dura plus de quatre ans à Berne, et où il fut irréfutablement jugé que le Congrès de Bâle n'avait rien de commun avec les Protocoles.

La deuxième communication fut faite par le Capitaine Müller von Hausen. Sous le nom de Gottfried Zur Beck, celui-ci publia en 1919 la première traduction en allemand des Protocoles, sous le titre *« Les Secrets des Sages de Sion »*. Il écrivit :

> *« Lorsqu'on apprit par les journaux que les Sionistes allaient se réunir à Bâle pour discuter de l'établissement d'un État juif en Palestine, le chef du Service Secret russe à Paris. Ratchkovsky, y envoya un espion, aux dires d'un Russe qui occupa pendant de longues années un poste important dans un Ministère à Saint-Pétersbourg. Cet espion corrompit un juif qui avait la confiance des « Représentants de Sion ». A la fin de la séance, ce Juif était chargé de porter les décisions prises et inconnues des non-israélites, à la Loge juive de Francfort-sur-le-Mein, loge fondée le 16 août 1807 sous le nom « A l'Aurore Naissante », et qui, depuis un siècle, assurait la liaison avec le Grand-Orient de France. Ce voyage facilita grandement la trahison projetée. Le messager passa la nuit dans une petite ville où le Russe l'attendait avec un groupe de copistes qui se mirent immédiatement à la besogne, mais ne purent copier en une seule nuit tout le manuscrit. L'original était en français. »*

(Beck modifia plusieurs fois son récit, nous citons ici la huitième édition de 1923.)

Les recherches faites à ce sujet ont prouvé irréfutablement que ce rapport, que Beck aurait reçu du général russe Kourloff avait été inventé de toutes pièces. D'après la déclaration faite au *Welt-Dienst* (Service Mondial) — dans une lettre du 13 juillet 1936 destinée au Tribunal de Berne — par l'ancien Attaché Impérial russe Andreï Petrovitch Ratchkovsky (1886-1941), fils du Conseiller d'État décédé en 1910, son père n'avait jusqu'en 1906, année où il prit connaissance de l'ouvrage, aucune idée de l'existence des Protocoles. Andreï Ratchkovsky possédait également les archives complètes de son père, c'est-à-dire les archives de l'agence de la police secrète russe à Paris, que dirigeait celui-ci. Or, dans aucun document ni dates aucune correspondance existe-t-il une allusion, ni aux fameux Protocoles, ni à une mission secrète de Ratchkovsky au Congrès de Bâle. Il faut encore ajouter que le Gouvernement Soviétique mit tous les documents concernant l'activité de Ratchkovsky à la disposition du Tribunal de Berne à l'occasion du procès. On ne trouva, ni dans les archives de Saint-Pétersbourg ni dans celles de Moscou, un seul document prouvant que Ratchkovsky avait eu des rapports de quelque nature que ce fût avec le Congrès de Bâle, ou établissant un lien entre lui et les Protocoles.

LA LUTTE DE JUDAS CONTRE LES PROTOCOLES

Jusqu'à la fin de la Grande Guerre, les Protocoles étaient inconnus en dehors de la Russie. La situation commença seulement à devenir gênante à partir de fin 1919, époque où des traductions des Protocoles furent mises en vente en Allemagne. D'autres traductions suivirent en 1920 en Amérique du Nord et en Angleterre. La première édition anglaise, qui parut à Londres sous le titre *« The Jewish Peril, Protocols of the Learned Elders of Zion »*. (Le péril juif, Protocoles des Sages de Sion), attira l'attention du *« Times »*, qui prit position dans son numéro du 8 mai 1920). On peut y lire entre autres :

« Le " Times" n'a pas encore analysé ce curieux petit livre. Mais sa diffusion augmente de plus en plus, sa lecture est faite pour inquiéter ceux qui savent réfléchir. Remarquons que certains traits essentiels du prétendu programme juif offrent une analogie troublante avec les événements actuels… Que sont donc en réalité ces Protocoles ? Sont-ils authentiques ? Et si oui : quelle Assemblée malveillante a-t-elle forgé ces plans ? S'agit-il d'un faux ? Si oui, comment expliquer cette note prophétique et lugubre, ces prédictions qui sont, sait partiellement réalisées, soit en cours de réalisation ?… De telles questions ne peuvent être éludées par, un simple haussement d'épaules… Une enquête impartiale s'impose… Si l'on en juge d'après le texte, il semble que les Protocoles aient été écrits par des Juifs et pour des Juifs. »

« L'enquête impartiale » fut faite par les Juifs et, en 1920, trois articles de journaux, qui devaient donner l'impression que les auteurs avaient procédé à des recherches indépendamment les uns des autres, parurent dans trois pays différents.

Le 25 février 1921, « *The American Hebrew* » (L'Hébreu Américain) de New-York publiait une interview que l'ex-princesse Catherine Radziwill (née en 1858) avait accordée au gérant de ce journal et au rabbin de New-York, Isaac Landmann. Elle déclara que les Protocoles avaient été rédigés après la guerre russo-japonaise (1904-1905) et après le déclenchement de la première révolution russe de 1905, par le Conseiller d'État Pierre J. Ratchkovsky chef de la police secrète russe à Paris, en collaboration avec son agent Mathieu Golovinsky. Ce dernier lui avait montré le manuscrit qu'il venait de terminer au montent de son passage à Paris en hiver 1905. Les milieux conservateurs russe comptaient au moyen de cet écrit, exciter contre les Juifs le tsar Nicolas II. Pour prouver qu'elle avait elle-même vu le manuscrit, l'ex-princesse Radziwill précisa qu'il y avait sur la première page une tache d'encre bleue.

Un Français, le comte Armand du Chayla, se chargea bientôt après d'une deuxième publication, qui parut les

12 et 13 mai 1921 dans le journal russe *«Poslednia Novosti»* (sous-titre français: *«Dernières Nouvelles»*. L'auteur y racontait que Nilus à qui il avait rendu visite en Russie en 1905, lui avait montré le manuscrit, déclarant l'avoir reçu de sa compagne Natalia Afanassievna Komarovsky, à qui Ratchkovsky l'avait remis à Paris. Pour rendre son article digne de foi, du Chayla écrivit également que le manuscrit présentait une tache d'encre bleue. Il est prouvé à l'heure actuelle qu'il avait emprunté cette inexactitude aux déclarations de l'ex-princesse Radziwill.

Le troisième article fut publié par le journaliste anglais Philip Graves dans le *«Times»*, numéros des 16, 17 et 18 août 1921. Il révéla que, pendant son séjour à Constantinople, il avait acheté à un réfugié russe le livre du révolutionnaire Maurice Joly, paru en 1864 sous le titre *«Dialogue aux Enfers entre Machiavel et Montesquieu»* et qu'un examen plus approfondi lui avait démontré que l'auteur des Protocoles avait largement puisé dans cet ouvrage.

Ces trois articles regorgent de fausses déclarations. L'ex-princesse Radziwill en particulier a donné libre cours à son imagination car en 1895 les Protocoles étaient déjà entre les mains de Soukhotine et de Stépanoff; en 1901 ils se trouvaient est la possession de Nilus et en 1903 ils furent publiés dans le journal *«Znamia»* (L'Étendard). Il est donc impossible qu'ils aient été rédigés en 1905. D'autre part, le Conseiller d'État Ratchkovsky avait déjà été relevé de ses fonctions à Paris en 1902; il avait alors quitté définitivement Paris pour se fixer en Russie jusqu'à sa mort, survenue en 1910. Il n'était donc plus à Paris en 1905. En outre, en a pu prouver avec document à l'appui que Ratchkovsky n'avait jamais eu sous ses ordres un agent du nom de Golovinsky.

Le rapport du comte du Chayla est tout aussi inexact. D'après les déclarations écrites du fils de Nilus, il était fils illégitime, né en 1883 et reconnu en 1895, de Sergueï A. Nilus et de sa cousine et compagne, Natalia Afanassievna Volodimeroff, née Matveïeff (1845-1934), qui ne s'est jamais appelé Komarovsky. Ses parents ne firent que deux brefs séjours en France au cours des années 1883 et 1894; ils ne furent jamais en relations avec Ratchkovsky. Le manuscrit des Protocoles que du Chayla vit en 1909 était entre les mains du fils de Nilus depuis 1901, après la visite de Soukhotine, mais il ne présentait aucune tache caractéristique d'encre bleue. Nilus réfute également les autres affirmations de du Chayla et le traite, dans sa déclaration transmise au Tribunal de Berne, de « perfide menteur » et de « calomniateur ».

En ce qui concerne les déclarations de Philip Graves, elles n'ont d'exact que le fait que l'auteur des Protocoles s'est abondamment inspiré du livre de Joly, satire sur le gouvernement dictatorial de Napoléon III, ouvrage qu'il a par endroits textuellement plagié(1).

L'auteur, n'ayant pas fait référence à l'ouvrage de Joly, s'est donc rendu coupable de plagiat. Les autres conclusions tirées de ce fait sont néanmoins fausses. Comme l'écrivit le « *Times* », il s'agit de savoir si les Protocoles ont été rédigés par un juif pour des juifs. Le fait que l'auteur ait plagié un autre ouvrage est sans importance pour la question de savoir s'il s'agit d'un programme authentiquement juif ou, au contraire, d'une invention anti-juive. Cette dernière hypothèse n'a jamais pu être prouvée par la Juiverie. Toutes les tentatives faites pour accuser Ratchkovsky, ou la police, russe en général, de falsification ont échoué lamentablement, puisque le caractère mensonger des seuls témoignages existants (ceux de l'ex-princesse Radziwill et du comte du Chayla) a pu être reconnu.

LE GRAND PROCÈS DE BERNE

Il se passa encore douze ans avant que la Juiverie n'essayât de faire constater la falsification des Protocoles par une décision de justice. Le 26 juin 1933, la Ligne Israélite Suisse, agissant en liaison avec la communauté israélite de Berne porta plainte devant le Tribunal Cantonal de Berne demandant que la brochure des éditions Hammer, « *Les*

---

1). Le rapport d'expertise établi pour le procès de Berne par O. Fleischbauer. Editions U. Bodung. Erfurt 1935, contient une juxtaposition du texte des Protocoles et des passages utilisées du dialogue de Joly.

Protocoles Sionistes », qui avait été distribuée peu avant dans une réunion anti-juive, soit classée dans la littérature subversive et que la diffusion en soit interdite. Cette plainte s'appuyait sur l'article 14 de la « loi relative aux films et aux mesures contre la littérature subversive » du 10 septembre 1916, valable dans le Canton de Berne et selon laquelle :

> *« ... l'impression et la diffusion d'écrits subversifs, en particulier d'ouvrages dont la forme et le texte sont de nature à exciter au crime ou susceptibles de mettre en danger les bonnes mœurs, d'offenser la pudeur, d'exercer un effet brutal ou de provoquer d'autres scandales, sont interdites. »*

Cinq Suisses étaient accusés d'avoir distribué la brochure en question ; parmi eux sa trouvaient en particulier le musicien Silvio Schnell et l'architecte Théodor Fischer.

À la première audience du procès, qui eut lieu le 16 novembre 1933 et fut présidée par le Président du Tribunal Walter Meyer, les avocats des plaignants juifs exigèrent une expertise sur l'authenticité des Protocoles. L'avocat des accusés s'opposa à cette demande, étant donné que l'ordonnance d'une expertise de cette nature n'était pas prévue par la loi pour un écrit prétendu subversif, et qu'il s'agissait uniquement de décider si le texte, authentique ou non, violait cette loi.

Le juge ordonna cependant l'expertise et cita comme experts, le professeur d'université A. Baumgarten ; de Bâle, à la demande des Plaignants, et le pasteur retraité L. Munchmeyer, d'Oldenburg, à la demande des accusées. L'écrivain pro-Juif C. A. Loosli de Berne-Bümplitz, fut nommé expert principal : Les deux experts suisses déposèrent leurs conclusions au Tribunal en octobre 1934. Munchmeyer s'étant récusé, les accusés se trouvaient sans expert.

La deuxième audience du procès eut lieu du 29 au 31 octobre 1934, les plaignants comparurent avec quinze témoins, juifs et russes pour la plupart, tandis que les accusés, maintenant leur point de vue — juridiquement exacte — que l'authenticité proprement dite du traité n'était pas en cause, n'avaient cité qu'un seul témoin, l'écrivain Dr Alfred Zander, de Zurich.

Après avoir entendu les témoins de la partie adverse qui soutenaient, sur le chapitre de la cause principale, les plus palpables inexactitudes, le juge se vit dans l'obligation de mettre en liberté les accusés, de citer encore un expert et d'autres témoins et d'ajourner dans ce but le procès. À la requête de l'avocat des accusés, le lieutenant-colonel en retraite Ulrich Fleischhauer, directeur du *« Welt-Dienst »* (Service Mondial) à Erfurt, fut cité comme expert le 6 novembre 1934. D'autres part, l'avocat des accusés proposa de procéder dans le même délai à la citation d'une quarantaine de témoins.

Le 15 janvier 1935, Fleischhauer présentait son rapport d'expertise[2]. Il prouvait que les juifs et leurs témoins n'avaient pas une seule preuve valable de la falsification des Protocoles, et que toutes les circonstances plaidaient en faveur de l'authenticité de ce document, d'une façon tellement probante que le juge, sous l'influence manifeste de la Juiverie, fut forcé de retirer à la défense la possibilité d'une argumentation plus détaillée. Il refusa sans motif la citation de l'ensemble des quarante témoins proposés par l'avocat des accusés.

Du 29 avril au 14 mai 1935 se tint la troisième audience du procès, pendant laquelle les trois experts déposèrent oralement leurs conclusions. Les deux experts suisses défendirent sans réserves la thèse de la falsification. Ils prétendirent que les Protocoles étaient un plagiat du livre de Joly et qu'il ressortait des déclarations dignes de foi faites par l'ex-princesse Radziwill et le comte du Chayla qu'ils avaient été fabriqués de toutes pièces par Ratchkovsky afin de calomnier la Juiverie. Quant aux indications de dates, incontestablement inexactes, fournies par l'ex-princesse Radziwill, Baumgarten affirma que celle-ci avait parlé de l'année 1905 par défaillance de mémoire, tandis que Loosli avait délibérément fait un faux en mentionnant dans

2). *« Rapport d'expertise pour le procès de Berne »*, par Ulrich Fleishhauer, Éditions U. Bodung, Erfurt 1935. 416 pages.

son rapport écrit sur les déclarations de l'ex-princesse Radziwill l'année 1895 au lieu de 1905, sans que le Tribunal ait eu connaissance de cette modification. Interrogé plus tard, Loosli déclara que la date de 1905 avait été une faute d'impression qui s'était glissée dans un journal américain et que lui, Loosli, avait par la suite rectifiés.

Les deux experts passaient sons silence l'allusion de l'ex-princesse Radziwill à la guerre russo-japonaise et à la révolution russe de 1905, précisions qui excluent l'hypothèse d'une défaillance de mémoire ou d'une faute d'impression. Dans l'exposé de ses conclusions, qui dura plusieurs jours, Fleischhauser réfuta le rapport des deux experts de la partie adverse et démontra en particulier que l'ex-princesse Radziwill étant une intrigante notoire, une aventurière qui avait même été condamnée à dix-huit mois de prison par le Tribunal du Cap pour falsification de traite. Ses déclarations inexactes sur l'origine des Protocoles ne devraient donc pas, insista Fleischhauser, servir de base à une argumentation juridique.

Quant au comte du Chayla, Fleischhauser fit remarquer que celui-ci avait été en 1920 chef de propagande dans l'armée Wrangel qu'il fut bientôt démasqué comme agent bolcheviste et honteusement expulsé de l'armée. Sa condamnation à mort pour haute trahison ne fut empêchée que par l'intervention de l'Ambassadeur de France.

Pour un tribunal impartial, la validité des témoignages de l'ex-princesse Radziwill et du comte du Chayla auraient été mise en doute à la lumière de ces précisions. Le juge de Berne ne tint pourtant aucun compte de l'exposé de Fleischhauser et traita son expertise de tissu d'élucubrations dictées par son parti-pris anti-Juif.

Par son jugement rendu la 14 mai 1935, le juge Meyer condamna les accusés S. Schnell et Th. Fischer à files amendes de 20 et 50 francs et au paiement des frais, s'élevant à 32.270 francs, le premier pour la diffusion de la brochure Hammer, le second pour la publicité qui fut faite à cette brochure dans son journal *«Der Eidgenosse»* (Le Confédéré), ainsi que pour un article anti-Juif à outrance.

Les trois autres accusés furent acquittés. Dans ses attendus, le juge déclara textuellement *« que les Protocoles sont une falsification et un plagiat et tombent sous le coup de l'article 14 de la loi »*.

La juiverie put donc jubiler ; le but de l'accusation était atteint ; un tribunal suisse avait officiellement stigmatisé la falsification des Protocoles.

Schnell et Fischer firent appel ; l'affaire vint le 27 octobre 1937 devant la Chambre Correctionnelle de la Cour d'Appel de Berne. La défense demanda en premier lieu la cassation du jugement et le renvoi de l'affaire devant le Tribunal de premier instance, ensuite l'acquittement pur et simple des accusés. Le pourvoi en cassation était légalement recevable du fait que le juge n'avait point fait rédiger le procès-verbal de la déposition des témoins par des sténographes assermentée, mais par des sténographes privés à la solde des plaignants juif, violant ainsi les règlements de la procédure.

Il avait en outre omis d'exiger les signatures des témoins. Comme motif supplémentaire de cassation, on fit valoir qu'aucune des pièces présentées par l'expert Loosli, et qu'il s'était procuré par l'intermédiaire du Gouvernement soviétique, n'était légalisée et certifiée conforme à l'original, pas plus que les traductions faites par l'avoué Dr Lifschitz de Berne, lesquelles traductions présentaient des contre-sens et des omissions.

Le Procureur lui-même fut obligé d'admettre ces fautes de procédure. Le Tribunal rejeta malgré cela le pourvoi en cassation, déclarant qu'il n'y avait pas eu de vice de forme répréhensible, de sorte que la révision de ce procès coûteux était superflue.

Le jugement fut rendu le 1er novembre 1937. Les deux accusés furent acquittés. L'accusé Ficher fut uniquement condamné à une amende devant servir de contribution aux frais de l'État, pour son article de journal :

« Jeunes filles suisses, méfiez-vous des satyres Juifs ! ».

Dans les motifs du jugement, le président Peter démontra que la loi sur les écrits subversifs ne prévoyait pas l'ordonnance d'une expertise et que celle-ci n'aurait pas dû être ordonnée. Le juge du Tribunal de première instance aurait simplement dû décider si le texte de la brochure violait la loi, mais non s'il était authentique ou pas.

La brochure elle-même, de plus, ne pouvait être qualifiée d'écrit subversif, car elle n'avait aucun caractère immoral et n'excitait nullement au crime. En tant qu'écrit uniquement politique, elle devait jouir de la liberté de la presse.

Indépendamment de cela, il fut prouvé que l'expert Loosli était partial et influencé.

Le procès avait duré plus de quatre ans. La Juiverie avait voulu prouver la non-authenticité des Protocoles à l'aide de faux témoignages de l'élimination de faux tous les témoins à décharge, de rédaction par sténographes privée des procès-verbaux des débats et en utilisant et des pièces justificatives non légalisées, des traductions erronées et des expertises tendancieuses. Grâce à un juge, membre du parti marxiste, la Juiverie réussit en première instance, en abusant d'une loi finit applicable au cas donné à faire déclarer que les Protocoles étaient falsifiés. Mais le triomphe ne dura pas : la Cour d'Appel annula le jugement.

Bien qu'elle eût constaté certaines fautes grossières commisse par le juge Meyer dans la conduite du procès, et même des illégalités de procédure, ainsi que le parti pris de l'expert Loosli, la presse juive eut l'aplomb de déclarer :

> *« Il est vrai que Schnell a été acquitté, la loi sur les écrits subversifs n'étant pas applicable. Mais la falsification des Protocoles a été reconnue par la justice. Les experts et les témoins ont fourni des preuves qui ont été acceptées par le Tribunal de première instance. »*

Ainsi elle voulait induire en erreur l'opinion publique. Or du moment que la Cour d'appel a constaté que la procédure en première instance avait été illégale et coupable de partialité, les conclusions de l'expertise de Loosli ont perdu tout intérêt et les arguments politiques du juge Meyer ne sont plus que les opinions personnelles d'un homme non compétent, opinions basées — qui plus est — sur des données fausses.

L'authenticité des Protocoles

Le procès spectaculaire de Berne se termina donc par l'échec total des buts de la Juiverie. Les Protocoles resteront un document, qui grâce à ce même procès sera reconnu comme étant d'autant plus authentique que la Juiverie, pour réfuter cette authenticité, n'a rien trouver de mieux que d'inciter un magistrat à rendre un jugement erroné s'appuyant sur un article non applicable de la loi, violant la procédure et utilisant des données inexactes.

Dans les écrits antisémites, on a souvent fait valoir — et cela pour démontrer l'authenticité des Protocoles — que la politique juive se fait en tous points selon les directives et les principes qui s'y trouvent énoncés. Cette coïncidence a servi de point de départ a de nombreuses publications. Alfred Rosenberg en fait une étude très approfondie dans son livre *« Les Protocoles des Sages de Sion et la politique Mondiale Juive »* (Munich, éditions Hoheneichen). Rosenberg conclut par la remarque très juste :

> *« Les thèses et les documents que nous venons de citer ne laissent pas subsister le moindre doute sur l'analogie de pensée qui existe entre les Protocoles et, les autres écrits juifs. La politique actuelle est conforme dans tous ses détails aux citations et aux plans conçus et exposés dans les protocoles. »*

La conception des Protocoles concorde en outre avec les paroles des prophètes qui promettent l'hégémonie mondiale à Israël : avec les doctrines des Talmudistes et celles des Cabalistes. Leur authenticité a même été reconnue par des Juifs ; en particulier par l'écrivain autrichien Arthur Trebisch. Juif cent pour cent mais de tendance très antisémite. Dans son ouvrage principal *« L'Esprit allemand ou le Judaïsme »* (Vienne. 1921). Il écrit au sujet des Protocoles dont l'existence lui fut révélé par la brochure de Beck :

> « *On ne peut avoir le moindre doute sur l'authenticité du texte du livre « Les sages de Sion ». Celui qui, comme l'auteur* (c'est-à-dire Trebitsch) *a su pressentir dans les buts et les intentions de toute notre vie économique, politique, et spirituelle les idées exposées dans ces documents secrets peut garantir avec certitude qu'il s'agit bien là de déclarations authentiques, portant l'empreinte de l'esprit souple des Juifs qui aspirent à l'hégémonie mondiale ; si authentiques Et si vraies que jamais aucun cerveau aryen — même si la haine antisémitique le poussait à la falsification et à la calomnie — ne serait capable de concevoir en aucune façon ces méthodes de lutte ces plans, ces ruses et ces duperies. »* (Page 74).

Il écrit plus loin :

> « *Dans ce livre, le plus précieux de tous le peuple allemand a enfin tous les arguments nécessaires pour dissiper les doutes et les scrupules une fois pour toutes... Tous ceux qui savent réfléchir doivent lire ce livre, l'étudier et le diffuser le plus possible... Car à présent nous tenons entre nos mains ce qu'aucune roublardise, aucun démenti, aucun mensonge stupide et impertinent ne nous arrachera : le plan nettement tracé, élaboré depuis des siècles dans un même esprit, le plan visant à l'anéantissement de toute vie indépendante des peuples en vue de l'établissement de l'hégémonie mondiale sioniste éternelle sur les ruines des systèmes d'état de tous les autres peuples et races !* » (Page 386).

Dans pareil cas, l'a recherche de l'identité de l'auteur des Protocoles devient un problème de second plan, car le texte du document prouve suffisamment qu'aucun cerveau aryen au monde n'aurait été capable d'élaborer un tel programme.

1er août 1943.

Couverture d'une édition russe de 1912.

LES PROTOCOLES
DES SAGES DE SION

PREMIER PROTOCOLE

Nous parlerons bien franchement et discuterons le sens de chaque réflexion, faisant ressorti, par des comparaisons et des déductions, des explications complètes. J'exposerai, par ce moyen, la conception de notre politique, ainsi que celte des Goïm (expression juive pour désigner tous les Gentils). Il faut remarquer que le nombre des hommes aux instincts corrompus est plus grand que celui des gens aux instincts nobles. C'est pourquoi les meilleurs résultats s'obtiennent, dans le gouvernement du monde, en employant la violence et l'intimidation plutôt que les discussions académiques. Tout homme a soif du pouvoir ; chacun aimerait à être un dictateur si seulement il le pouvait, et bien rares sont ceux qui ne consentiraient pas à sacrifier le bien-être d'autrui pour atteindre leurs buts personnels.

Le droit réside dans la force.

Qu'est-ce qui a contenu les sauvages bêtes de proie, que nous appelons hommes ? Par quoi ont-ils été gouvernés jusqu'à ce jour ? Aux premières époques de la vie sociale, ils étaient soumis à la force brutale et aveugle, puis ils se soumirent à la loi, qui n'est, en réalité, que la même force masquée. Cette constatation me mène à déduire que, de par la loi naturelle, le droit réside dans la force.

Ce qui tue la vraie liberté.

La liberté politique n'est pas un fait, mais une idée. Cette idée, il fait savoir comment l'appliquer quand il est nécessaire, afin de la faire servir d'appât pour attirer les forces de la foule à son parti, si ce parti a décidé d'usurper celles d'un rival. Le problème est simplifié si ledit rival s'infecte d'idées de liberté, de soi-disant libéralisme, et si, pour l'amour de telles idées, il cède une partie de son pouvoir.

Notre idée va triompher de façon évidente en ceci : les rênes du Gouvernement étant abandonnées, il s'ensuivra, de par la loi de la vie, qu'elles seront immédiatement saisies par une nouvelle main, parce que la force aveugle de la foule ne peut exister un seul jour sans chef. Le nouveau Gouvernement ne fait que remplir la place de l'ancien que son libéralisme a affaibli.

L'or a détruit la religion.
L'anarchie nous livre les peuples. — De nos jours, la puissance de l'or a supprimé celle des autorités libérales. Il fut un temps où la religion gouvernait. L'idée de liberté est irréalisable, parce que personne ne sait en user avec discrétion.

Il suffit de donner un instant à la foule le pouvoir de se gouverner elle-même pour qu'elle devienne, aussitôt une cohue désorganisée. Dès car moment, naissent des dissensions qui ne tardent pas à devenir des conflits sociaux ; les états sont mis en flammes et toute leur importance disparaît. Qu'un état soit épuisé par ses propres convulsions intérieures, ou qu'il soit livré, par les guerres civiles, à un ennemi étranger, il peut, dans l'un et l'autre cas, — être considéré comme définitivement détruit, — il est en notre pouvoir.

L'or est entre nos mains.

Le despotisme du capital, qui est entièrement, entre nos mains, tendra à cet État un brin de paille auquel il sera inévitablement forcé de s'accrocher sous peine de tomber dans l'abîme.

Pas de moralité dans la lutte.

Si, pour des motifs de libéralisme, quelqu'un était tenté de me faire remarquer que semblables discussions sont immorales, je poserais cette question : — Pourquoi n'est-il pas immoral qu'un État qui a deux ennemis ; l'un au dehors, l'autre au dedans, emploie, pour les combattre, des moyens différents : plans secrets de défense, attaques nocturnes ou avec des forces supérieures ? Pourquoi, en effet, serait-il immoral que l'État employât de tels moyens contre celui qui, ruine ses fondements et sa prospérité ?

Il faut semer l'anarchie dans les masses.

Un esprit logique et sensé peut-il espérer réussir à gouverner les foules par des arguments et des raisonnements, alors qu'il est possible que ces arguments et ces raisonnements soient contredits par d'autres arguments ? Si ridicules qu'ils puissent être, ils sont faits pour séduire cette partie du peuple qui ne peut pas penser très profondément étant entièrement guidée par des raisons mesquines, des habitudes, des conventions et des théories sentimentales. La population ignorante et non initiée, ainsi que tous ceux qui se sont élevés de son sein, s'embarrasse dans les dissensions de partis qui entravent toute possibilité d'entente, même sur une base d'arguments solides. Toute décision des masses dépend d'une majorité de hasard, préparée d'avance, qui, dans son ignorance des secrets de la politique, prend des décisions absurdes, semant ainsi dans le Gouvernement les germes de l'anarchie.

Pas de morale en politique.

La Politique n'a rien de commun avec la morale. Un souverain gouverné par la morale n'est pas un habile politique ; il n'est donc pas d'aplomb sur un trône. Celui qui veut gouverner doit recourir à la ruse et à l'hypocrisie. En politique, les grandes qualités humaines d'honnêteté et de sincérité deviennent des vices et détrônent un souverain plus immanquablement que son plus cruel ennemi. Ces qualités doivent être les attributs des pays non juifs, mais, nous ne sommes aucunement obligés d'en faire nos guides.

Le droit et la force.

Notre droit réside dans la force. Le mot « droit » est une idée abstraite qui ne repose sur rien. Il ne signifie pas autre chose que ceci : *« Donnez-moi ce dont j'ai besoin pour prouver que je vis plus fort que vous »*.

Où commence le « droit » ? Où finit-il ? Dans un État où le pouvoir est mal organisé, où les lois et la personne du souverain, sont annihilées dans un continuel empiétement du libéralisme, j'adopte un nouveau système d'attaque, me servant du droit de la force pour détruire les ordonnances, et règlements existants, me saisir des lois, réorganiser les institutions et devenir ainsi le dictateur de ceux qui, de leur propre volonté, ont libéralement renoncé à leur puissance et nous l'ont conférée.

L'invincibilité de la Judéo-maçonnerie.

Notre force, étant donnée la situation branlante des pouvoirs, sera plus grande qu'aucune autre, parce qu'elle sera invisible jusqu'au jour où elle sera telle qu'aucune ruse ne la saurait miner.

Libéralisme destructeur.

Du mal temporaire, auquel nous sommes actuellement obligés d'avoir recours, sortira le bienfait d'un gouvernement inébranlable qui rétablira le cours du mécanisme de l'existence normale détruit par le libéralisme : La fin justifie les moyens. Il faut, en dressant nos plans, que nous fassions plus attention à ce qui est nécessaire et profitable qu'à ce qui est bon et moral.

Nous avons devant nous un plan sur lequel est tirée une ligne stratégique dont nous ne pouvons nous écarter sans détruire l'œuvre de siècles entiers.

La foule est aveugle.

Pour élaborer un plan d'action convenable, il faut se mettre en l'esprit la veulerie, l'instabilité et le manque de pondération de la foule incapable de comprendre et de respecter les conditions de sa propre existence et de son bien-être. Il faut se rendre compte, que la force de la foule est aveugle, dépourvue de raison dans le discernement et qu'elle prête l'oreille tantôt à droite, tantôt à gauche. Si un aveugle conduit un autre aveugle, ils tombent tous deux dans le fossé. En conséquence, les parvenus, sortis des rangs du peuple, fussent-ils des génies, ne peuvent pas se poser en chefs des masses sans ruiner la nation.

L'impuissance des partis.

Seul un personnage élevé pour exercer la souveraineté autocratique peut lire les mots formés par les lettres de l'alphabet politique. Le peuple livré à lui-même, c'est-à-dire des chefs sortis des rangs, est ruiné par les querelles de partis qui naissent de la soif du pouvoir et des honneurs et qui créent les troubles et le désordre.

Est-il possible à la masse de juger avec calme et d'administrer sans jalousie les affaires de l'État qu'il ne lui faudra pas confondre avec ses propres intérêts ? Peut-elle servir de défense contre un ennemi étranger ? C'est impossible, car un plan, divisé en autant de parties qu'il y a de cerveaux dans la masse, perd sa valeur et devient inintelligible et inexécutable.

Seul gouvernement possible : l'autocratie.

Seul un autocrate peut concevoir de vastes projets et assigner à toute chose son rôle particulier dans le mécanisme de la machine gouvernementale. C'est pourquoi nous concluons qu'il est utile au bien-être du pays que son gouvernement soit entre les mains d'une seule personne responsable. Sans le despotisme absolu, pas de civilisation possible, car la civilisation ne peut avancer que sous la protection d'un chef, quel qu'il soit, pourvu qu'il ne soit pas entre les mains de la masse..

La foule est barbare et le prouve en toute occasion.

Dés que le peuple s'est assuré la liberté, il se hâte de la transformer en anarchie qui, par elle-même, est le comble de la barbarie.

Alcoolisme et corruption.

Considérez ces brutes alcoolisées stupéfiées par la boisson, dont la liberté tolère un usage illimité ! Allons-nous nous permettre et permettre à nos semblables de les imiter ? Chez les chrétiens, le peuple est abruti par l'alcool, la jeunesse est détraquée par les classiques et la débauche prématurée à laquelle l'ont incitée nos agents : précepteurs, domestiques, institutrices dans les maisons riches, employés, etc., nos femmes dans les lieux de plaisir ; j'ajoute à ces dernières les soi-disant « femmes du monde », — leurs imitatrices volontaires en matière de luxe et de corruption.

La force et l'hypocrisie.

Notre devise doit être : « *Tous les moyens de la force et de l'hypocrisie* ».

Seule ; la force pure est victorieuse en politique, surtout quand elle se cache dans le talent indispensable aux hommes d'État. La violence doit être le principe, la ruse et l'hypocrisie la règle de ces gouvernements qui ne veulent pas déposer leur couronne aux pieds des agents d'un nouveau pouvoir quelconque. Ce mal est le seul moyen d'arriver au bien. Ne nous laissons donc pas, arrêter par l'achat des consciences, l'imposture et la trahison, si par eux nous servons notre cause.

En politique ; n'hésitons pas à confisquer la propriété ; si nous pouvons ainsi acquérir soumission et pouvoir.

La terreur.

Notre État, suivant la voie des conquêtes pacifiques, a le droit de substituer aux horreurs de la guerre des exécutions moins apparentes et plus expéditives qui sont nécessaires pour maintenir la terreur et produire une soumission aveugle. Une sévérité juste et implacable est le principal acteur de la puissance d'un État. Ce n'est pas simplement pour l'avantage qu'on peut en tirer, mais encore par l'amour du devoir et de la victoire que nous devons nous en tenir au programme de violence et d'hypocrisie. Nos principes sont aussi puissants que les moyens que nous employons pour les mettre à exécution. C'est pourquoi nous triompherons certainement, non seulement par ces moyens mêmes, mais par la sévérité de nos doctrines, et nous rendrons tous les Gouvernements esclaves de notre Super-Gouvernement. Il suffira que l'on sache que nous sommes Implacables quand il s'agit de briser la résistance.

« Liberté-Egalité-Fraternité ».

Nous fûmes les premiers, jadis, à crier au peuple : « Liberté, Égalité, Fraternité », ces mots si souvent répétés, depuis lors, par d'ignorants perroquets, venus en foule de tous les points du globe autour de cette enseigne. À force de les répéter, ils ont privé le monde de sa prospérité et les individus de leur vraie liberté personnelle si bien protégée naguère contre la populace qui voulait l'étouffer :

Les Gentils, soi-disant sages et intelligents, ne discernèrent pas combien étaient abstraits ces mots qu'ils prononçaient et ne remarquèrent point combien ils s'accordaient peu les uns avec les autres et même se contredisaient.

Ils ne virent pas qu'il n'est aucune égalité dans la Nature qui créa elle-même des types divers et inégaux d'intelligence, de caractère et de capacité. De même en est-il pour la soumission aux lois de la Nature. Ces prétendus sages n'ont pas deviné que la foule est une puissance aveugle et que les parvenus sortis de son sein pour gouverner sont également aveugles en politique ; ils n'ont pas compris davantage qu'un homme destiné à régner, fût-il un imbécile, peut gouverner tandis qu'un autre qui n'a pas reçu l'éducation voulue, fût-il un génie n'entendra rien à la politique.

Tout ceci a échappé aux Gentils.

Contre les régimes dynastiques.

Ce fut sur cette base, cependant, que fut fondé le régime dynastique. Le père enseignait au fils le sens et le cours des évolutions politiques de telle manière que, sauf les seuls membres de la dynastie, personne n'en eût connaissance et n'en pût dévoiler les secrets au peuple gouverné. Avec le temps, le sens des vrais enseignements, tels qu'ils avaient été transmis dans les dynasties, de génération en génération, se perdit, et cette perte contribua au succès de notre cause.

L'abolition des privilèges.

Notre appel « Liberté ; Égalité, Fraternité » amena dans nos rangs, des quatre coins du monde, grâce à nos agents inconscients, des légions entière qui portèrent nos bannières avec extase. Pendant ce temps, ces mots, tels autant de vers rongeurs, dévoraient la prospérité des Chrétiens, détruisaient leur paix ; leur fermeté et leur union, ruinant ainsi les fondements des États. Comme nous le verrons plus loin, ce fut cette action qui amena notre triomphe. Elle nous donna, entre autres choses, la possibilité de jouer notre as d'atout : l'abolition des privilèges, en d'autres termes, l'existence de l'aristocratie des Gentils, seule protection qu'avaient contre nous les nations et les pays.

L'aristocratie ploutocratique (3).

Sur les ruines de l'aristocratie naturelle et héréditaire, nous élevâmes, en lui donnant des bases ploutocratiques, une aristocratie à nous. Nous l'établîmes sur la richesse tenue sous notre contrôle et sur la science promue par nos savants.

Flatter les faiblesses et les passions.

Notre triomphe fut facilité par le fait que, grâce à nos relations avec des gens qui nous étaient indispensables, nous avons toujours appuyé sur les cordes les plus sensibles de l'esprit humain, exploitant le faible de nos victimes pour les bénéfices, leurs convoitises, leur insatiabilité, les besoins matériels de l'homme. Chacune de ces faiblesses, prise à part, est capable de détruire toute initiative ; en les flattant,

---

3). Du grec ploutos : riche et cratie : pouvoir. Gouvernement où le pouvoir appartient aux riches. À ne pas confondre avec dictature ou royauté (voir autocratie). Si le dictateur, le roi et leur entourage sont riches, tous les riches ne participent pas forcément au pouvoir. Tout pouvoir est toujours plus ou moins ploutocratique (« le pouvoir de l'argent » : Plus on a d'argent et plus on a de pouvoir, et vice versa). Le libéralisme l'est particulièrement. L'ultra libéralisme en est la forme la plus achevée.

nous mettons la force de volonté du peuple à la merci de ceux, qui voulaient le priver de cette initiative.

La liberté nous livre le pouvoir.

Le caractère abstrait du mot «Liberté» permit de convaincre la populace que le Gouvernement n'est qu'un gérant représentant le propriétaire ; c'est-à-dire la nation, et qu'on peut s'en débarrasser comme d'une paire de gants usés.

Le seul fait que les représentants de la nation peuvent être déposés les livra à notre pouvoir et mit pratiquement leur choix entre nos mains.

Deuxième protocole

Nécessité des guerres économiques.

Il est indispensable à nos desseins que les guerres, n'amènent aucune altération territoriale. Dans ces conditions, toute guerre serait transférée sur le terrain économique. Alors les nations reconnaîtront notre supériorité en voyant les services que nous rendons ; cet état de choses mettra les deux adversaires tout spécialement formés dès la plus tendre enfance pour disposer de ressources absolument illimitées. Alors nos droits internationaux balayeront les lois du monde entier et gouverneront les pays comme les gouvernements individuels leurs sujets.

Fonctionnaires serviles.

Nous choisirons parmi le public des administrateurs aux tendances serviles. Ils seront inexpérimentés dans l'art de gouverner : Nous les transformerons facilement en pions sur notre échiquier où ils seront mus par nos savants et sages conseillers, tout spécialement formés dés la plus tendre enfance pour le gouvernement du monde. Ainsi que vous le savez déjà, ces hommes ont étudié cette science de gouverner d'après nos plans, politiques, l'expérience de l'Histoire et l'observation des événements actuels. Les Gentils ne profitent pas des observations continuellement fournies par l'Histoire, mais ils s'en tiennent à une routine de théorie, sans se préoccuper des résultats qu'elle ne peut donner. Nous n'accorderons donc aucune importance aux Gentils. Qu'ils s'amusent jusqu'à ce que les temps soient accomplis ; qu'ils vivent dans l'espérance de nouveaux plaisirs, ou dans le souvenir des joies passées, Qu'ils croient que ces lois théoriques que nous leur avons inspirées sont d'une suprême importance. Avec cette idée en perspective et le concours de notre presse, nous augmenterons sans cesse leur confiance aveugle en ces lois. L'élite intellectuelle des Gentils s'enorgueillira de sa science et, sans la vérifier, la mettra en pratique telle que la lui auront présentée nos agents, pour former leurs esprits dans le sens voulu par nous.

Darwin, Marx, Nietzsche exploités par les Juifs.

Ne croyez pas que nos assertions sont des mots en l'air. Considérez le succès de Darwin, Marx et Nietzsche, préparé par nous. L'effet démoralisant des tendances de ces doctrines sur l'esprit des Gentils ne devrait certes pas nous échapper.

Pouvoir d'adaptation.

Pour ne pas risquer de commettre des fautes dans notre politique ou dans notre administration, il nous est essentiel d'étudier et d'avoir bien présents à l'esprit le courant actuel de la pensée, le caractère et les tendances des nations.

Le triomphe de notre théorie est son adaptabilité au tempérament des nations avec lesquelles nous prenons contact. Elle ne peut réussir que si son application pratique repose sur l'expérience du passé, jointe à l'observation du présent.

La presse.

La presse est, entre les mains des Gouvernements existants, une grande puissance par laquelle ils dominent l'esprit public. La presse révèle les réclamations vitales de la populace, informe de ses sujets de plainte, et ; parfois, crée le mécontentement. La libre parole est née de la presse. Mais les Gouvernements n'ont pas su tirer parti de cette force, et elle tomba entre nos mains. Par la presse, nous acquîmes l'influence, tout en restant dans la coulisse.

L'or et notre sang.

Grâce à la presse, nous accumulâmes l'or, bien qu'il nous en coûta des flots de sang ; il nous en coûta le sacrifice de bien des nôtres ; mais chacun de nos sacrifices vaut, devant Dieu, des milliers de Gentils.

TROISIÈME PROTOCOLE

Le cercle du Serpent Symbolique.

Aujourd'hui, je puis vous assurer que nous ne sommes plus qu'à quelques pas de notre but, Encore une courte distance à franchir et le cercle du Serpent Symbolique — le signe de notre peuple — sera complet. Quand ce cercle sera fermé, il entourera tous les États de l'Europe comme de chaînes indestructibles :

Pour atteindre les Chefs d'États.

Bientôt s'écrouleront les échafaudages qui existent actuellement, parce que nous leur faisons continuellement perdre l'équilibre pour les user plus rapidement et les mettre hors de service. Les Gentils s'imaginaient qu'ils étaient suffisamment solides et que leur équilibre serait durable. Mais les supports des échafaudages — C'est-à-dire les chefs d'État — sont gênés par leurs serviteurs inutiles, entraînés qu'ils sont par cette force illimitée de l'intrigue qui leur est propre et grâce à la terreur qui règne dans les palais.

N'ayant aucun moyen d'accès au cœur de son peuple, le souverain ne peut se défendre des intrigants avides de pouvoir. Comme le pouvoir vigilant a été séparé par nous de la force aveugle de la populace, tous deux ont perdu leur signification, parce qu'une fois séparés, ils sont aussi impuissants qu'un aveugle sans son bâton.

Opposer les partis.

Afin d'inciter les amateurs de pouvoir à faire mauvais usage de leurs droits, nous avons dressé tous les pouvoirs les uns contre les autres en encourageant leurs tendances libérales vers l'indépendance. Nous avons favorisé toute entreprise dans ce sens : nous avons mis des armes formidables aux mains de tous les partis et nous avons fait du pouvoir le but de toute notre ambition. Nous avons transformé les Gouvernements en arènes pour les guerres de partis.

Pour ruiner le pouvoir.

Bientôt le désordre flagrant et la banqueroute apparaîtront partout. D'incorrigibles bavards ont converti en parlottes les assemblées parlementaires et administratives. D'audacieux journalistes et des pamphlétaires impudents attaquent continuellement les pouvoirs administratifs. Les abus de pouvoir prépareront définitivement l'effondrement de toutes les institutions, et tout tombera en ruines sous les coups de la populace en fureur.

Des droits fictifs pour les masses.

Les gens sont asservis, à la sueur de leur front, dans la pauvreté, d'une manière plus formidable qu'au temps des lois du servage. De celui-ci, ils pouvaient se libérer d'une manière ou de l'autre, tandis que rien ne les affranchira de la tyrannie du besoin absolu. Nous avons eu soin d'insérer, dans les Constitutions, des droits qui sont pour la masse purement fictifs. Tous les soi-disant « droits du peuple » ne peuvent exister que sous forme d'idées inapplicables en pratique.

Le pouvoir contre le peuple.

Qu'importe à un ouvrier prolétaire, courbé en deux par un dur labeur et opprimé(4) par son sort, qu'un bavard obtienne le droit de parler, ou un journaliste celui de publier une sottise quelconque ? A quoi sert une Constitution au prolétariat s'il n'en retire d'autre avantage que les miettes que nous lui jetons de notre table, en échange de ses votes pour l'élection de nos agents ? Les droits républicains sont une ironie pour le pauvre, car la nécessité du travail quotidien l'empêche d'en retirer aucun avantage, et ils ne font que lui enlever la garantie de salaire fixe et assuré, le rendant dépendant des grèves des patrons et des camarades.

4). Note du transcripteur — Dans le texte original

Noblesse et profiteurs.

Sous nos auspices, la populace extermina l'aristocratie qui, dans son intérêt propre, avait pourvu aux besoins du peuple et l'avait défendu, car son intérêt est inséparable du bien-être de la populace. De nos jours, ayant détruit les privilèges de la noblesse, le peuple tombe sous le joug de profiteurs rusés et de parvenus.

Protection aux communistes.

Nous tenons à passer pour les libérateurs du travailleur, venus pour le délivrer de cette oppression en lui suggérant d'entrer dans les rangs de nos armées de socialistes, d'anarchistes et de communistes. Nous : protégerons toujours ces derniers, feignant de les aider par principe de fraternité et d'intérêt général pour l'humanité, évoqué par notre Maçonnerie socialiste. La noblesse qui, de droit, partageait le travail des classes laborieuses, avait tout intérêt à ce qu'elles fussent bien nourries, saines et fortes.

Brimer le travailleur.

Notre intérêt veut, au contraire, la dégénérescence des Gentils. Notre force consiste à maintenir le travailleur dans un état : constant de besoin et d'impuissance, parce qu'ainsi nous l'assujettissons à notre volonté ; et dans son entourage, il ne trouvera jamais ni pouvoir ni énergie pour se dresser contre nous.

Le droit de l'or.

La faim conférera au Capital des droits plus puissants sur le travailleur que jamais le pouvoir légal du souverain n'en conféra à l'aristocratie.

Nous gouvernerons les masses en tirant parti des sentiments de jalousie et de haine allumés par l'oppression et le besoin. Et, au moyen de ces sentiments, nous nous débarrassons de ceux qui entravent notre marche.

Détruire les obstacles.

Quand viendra pour nous le moment de couronner notre « Maître du Monde », nous veillerons à ce que, par les mêmes moyens — c'est-à-dire en nous servant de la populace — nous détruisions tout ce qui serait un obstacle sur notre route.

L'enseignement.

La science de la vie. — Les Gentils ne sont plus longtemps capables de penser sans notre aide en matière de science. C'est pourquoi ils ne se rendent pas compte de la nécessité vitale de certaines choses que nous aurons soin de réserver pour le moment où notre heure sera venue, à savoir que, dans les écoles, doit, être enseignée la seule vraie et la plus importante de toutes les sciences : la science de la vie de l'homme et celle des conditions sociales ; toutes deux exigent une division du travail, et, par suite, la classification des gens en castes et en classes. Il est indispensable que chacun sache que la véritable, égalité ne peut exister, étant donnée la différence de nature des diverses sortes de travail, et que ceux qui agissent au détriment de toute une caste, ont, devant la loi, une autre responsabilité que ceux qui commettent un crime ne compromettant que leur honneur personnel.

L'organisation secrète.

La vraie science des conditions sociales, aux secrets de laquelle nous n'admettons pas les Gentils, convaincrait le monde que les métiers et le travail devraient être réservés a des castes spéciales, afin de ne pas causer la souffrance humaine provenant d'une éducation qui ne correspond pas au travail que les individus sont appelés à accomplir. S'il étudiait cette science, le peuple, de sa propre et libre volonté, se soumettrait aux pouvoirs régnants et aux classes gouvernementales classées par eux. Étant données les conditions présentes de la science et la ligne que nous lui avons permis de suivre, la populace, dans son ignorance, croit aveuglément tout ce qui est imprimé et les fallacieuses illusions dûment inspirées par nous, et elle est hostile à toutes les classes qu'elle croit au-dessus d'elle, car elle ne comprend pas l'importance de chaque caste.

Les crises économiques.

Cette haine sera encore accrue par l'effet que produiront les crises économiques qui arrêteront les marchés et la production. Nous créerons une crise économique universelle par tous les moyens détournés possibles et à l'aide, de l'or qui est entièrement entre nos mains.

Simultanément, nous jetterons à la rue, dans toute l'Europe, des foules énormes d'ouvriers. Ces masses seront alors heureuses de se précipiter sur ceux que, dans leur ignorance ; elles ont jalousés dès l'enfance ; elles répandront leur sang et pourront ensuite s'emparer de leurs biens.

Protéger les Juifs.

On ne nous fera pas de mal, parce que le moment de l'attaque nous sera connu et que nous prendrons des mesures pour protéger nos intérêts.

Le libéralisme doit disparaître.

Nous avons persuadé les Gentils que le libéralisme les conduirait au règne de la raison. Notre despotisme sera de cette nature, car il sera en situation d'abattre toute rébellion et de supprimer ; par une juste rigueur, toute idée libérale dans toutes les Institutions.

La « grande » révolution.

Quand la populace s'aperçut qu'au nom de la liberté on lui accordait toute espèce de droits, elle s'imagina être la maîtresse et essaya de s'emparer du pouvoir. Naturellement, comme tout autre aveugle, la masse se heurta à d'innombrables obstacles. Alors, ne voulant pas retourner a L'ancien régime, elle dépose, sa puissance à nos pieds. Souvenez-vous de la Révolution française, que nous appelons « la Grande » ; les secrets de sa préparation, étant l'œuvre de nos mains, nous sont bien connus.

Le Roi-Despote.

A partir de ce moment, nous avons conduit les nations de déception en déception, de sorte qu'elles en viennent à nous désavouer en faveur du Roi despote issu du sang de Sion que nous préparons au monde.

Force internationale de la Juiverie.

Actuellement, eu tant que force internationale, nous sommes invulnérables, parce que si un gouvernement des Gentils nous attaque, d'autres nous soutiennent. L'intense abjection des peuples chrétiens favorise notre indépendance — soit qu'à genoux ils rampent devant le pouvoir, ou qu'ils soient sans pitié pour le faible, sans miséricorde pour les fautes et cléments pour les crimes ; soit qu'ils refusent de reconnaître les contradictions de la liberté ; soit enfin qu'ils se montrent patients jusqu'au martyre dans leur indulgence pour la violence d'un audacieux despotisme.

De la part de leurs dictateurs actuels, présidents du Conseil et Ministres, ils supportent des abus pour le moindre desquels ils auraient assassiné vingt Rois.

Éducation faussée du peuple.

Comment expliquer un tel état de choses ? Pourquoi les masses sont-elles si logiques dans leur conception des événements ? Parce que les despotes persuadent le peuple ; par l'intermédiaire de leurs agents, que, même s'ils faisaient un mauvais usage du pouvoir et portaient préjudice à l'État, ce serait dans un but élevé, c'est-à-dire en vue de la prospérité du peuple pour la cause de la fraternité, de l'union et de l'égalité internationales.

Certes, il ne leur disent pas qu'une telle unification ne peut être obtenue que sous notre domination. Aussi, voyons-nous la populace condamner l'innocent et acquitter le coupable, convaincue qu'elle peut toujours faire ce qu'il lui plaît. En raison de cet état d'esprit, la foule détruit tout équilibre et crée partout le désordre.

La « liberté ».

Le mot « liberté » met la société en conflit avec toutes les puissances, même avec celle de la Nature, et avec celle de Dieu. C'est pourquoi, lorsque nous arriverons au pouvoir, il nous faudra effacer le mot « liberté » du dictionnaire humain, comme étant le symbole du pouvoir bestial qui transforme les hommes en animaux sanguinaires. Mais rappelons-nous que ces animaux s'endorment dés qu'ils sont rassasiés de sang et qu'il est facile alors de les charmer et de les asservir. Si on ne leur donne pas de sang, ils ne dormiront pas et se battront entre eux.

Quatrième protocole

L'évolution de la république.

Toute république passe par diverses phases. La première ressemble aux premiers jours de fureur d'un homme frappe de cécité, qui balaye et déduit tout à droite et à gauche. La seconde, c'est le règne du démagogue faisant naître l'anarchie pour lui substituer le despotisme. Ce despotisme n'est pas officiellement légal et, partant, irresponsable ; il est caché et invisible, tout en se laissant sentir ! Il est généralement sous le contrôle de quelque organisation secrète, qui agit derrière un agent, ce qui la rend d'autant plus audacieuse et sans scrupule. Ce pouvoir secret n'hésitera pas à changer ses agents qui le masquent. Ces changements seront profitables à l'organisation qui pourra ainsi se débarrasser de vieux serviteurs auxquels il aurait fallu donner de plus importantes gratifications pour leur long service.

L'action occulte des Loges.

Par qui ou par quoi pourrait être détrôné un pouvoir invisible ? Or, c'est là justement ce qu'est notre Gouvernement. La Loge maçonnique joue, inconsciemment, dans le monde entier, le rôle d'un masque qui cache notre but. Mais l'usage que nous allons faire de ce pouvoir dans notre plan d'action, et jusque dans nos quartiers généraux, reste à jamais ignoré du monde en général.

Détruire la foi en Dieu.

La liberté pourrait être inoffensive et exister dans les gouvernements et les pays sans être préjudiciable à la prospérité du peuple, si elle reposait sur la religion et sur la crainte de Dieu, sur la fraternité humaine, exempte d'idées d'égalité qui sont en opposition directe aux lois de la création, lesquelles ont prescrit la soumission.

Gouverné par une telle loi, le peuple serait sous la tutelle des paroisses et vivrait paisiblement et humblement sous la direction des pasteurs spirituels et soumis à la Providence divine sur cette terre. C'est pourquoi nous devons arracher de l'esprit des chrétiens jusqu'à la conception même de Dieu et la remplacer par des calculs arithmétiques et des besoins matériels.

Pour ruiner les Gentils.

La spéculation — Pour détourner l'attention des Chrétiens de notre politique, il est essentiel que nous l'attirions du côté du commerce et de l'industrie ; en sorte que toutes les nations luttant pour leurs intérêts propres ne s'occuperont pas, dans cette agitation universelle, de leur commun ennemi. Mais, pour que la liberté puisse disloquer et ruiner la vie sociale des Gentils, il faut que nous établissions le commerce sur une base spéculative, ce qui aura pour résultat d'empêcher les Gentils de retenir entre leurs mains les richesses tirées de la production du sol ; par la spéculation, elles passeront dans nos coffres.

La soif de l'or.

La lutte pour la supériorité et les spéculations continuelles dans le monde des affaires créera une société démoralisée, égoïste et sans cœur. Cette société deviendra complètement indifférente à la religion et à la politique dont elle aura même le dégoût. La passion de l'or sera son seul guide et elle fera tous ses efforts, pour se procurer cet or qui, seul, peut lui assurer les plaisirs matériels dont elle a fait son véritable culte. Alors les classes intérieures se joindront à nous contre nos compétiteurs — les Gentils privilégiés — sans alléguer aucun but élevé, ou même l'amour des richesses, mais par pure haine des classes supérieures.

Cinquième protocole

Gouvernement despotique.

Quelle sorte de gouvernement peut-on donner à des sociétés où la concussion et la corruption ont pénétré partout, où les richesses ne peuvent s'acquérir que par d'astucieuses surprises ou par des moyens frauduleux, où les querelles dominent continuellement, ou la morale doit être soutenue par le châtiment et par de sévères lois et non par des principes volontairement acceptés ; où les sentiments patriotiques et religieux se notent dans des convictions cosmopolites ?

Quelle autre forme de gouvernement peut-on donner à ces sociétés, si ce n'est la forme despotique que je vais vous décrire ?

Nous voulons organiser un gouvernement central et fort, de façon à obtenir pour nous-mêmes les pouvoirs sociaux. Par de nouvelles lois, nous réglerons la vie politique de nos sujets, comme s'ils étaient autant de rouages d'une machine. De telles lois restreindront graduellement la liberté et tous les privilèges accordés par les Gentils. Notre règne se développera ainsi en un despotisme si puissant qu'il pourra à tout moment et en tout lieu écraser les Gentils mécontents ou récalcitrants.

On nous dira que la sorte de despotisme que je suggère ne s'accordera pas avec le progrès actuel de la civilisation, mais je vais vous prouver le contraire.

Le pouvoir basé sur la ruine de la religion.

Au temps ou le peuple croyait au droit divin de ses souverains, il se soumettait paisiblement au despotisme de ses monarques. Mais, du jour où nous inspirâmes à la populace la notion de ses propres droits, elle regarda les rois comme de simples mortels ; l'onction sacrée disparut à ses yeux, et lorsque nous lui eûmes enlevé sa religion, le pouvoir fut jeté dans les rues comme propriété publique, et nous nous en emparâmes. De plus, parmi nos talents administratifs,, nous comptons également celui de régir les masses et les individus au moyen d'une phraséologie et de théories habilement construites, de règles de vie et de toutes sortes de stratagèmes. Toutes ces théories, auxquelles les Gentils ne comprennent rien, sont fondées sur l'analyse et sur l'observation combinées avec un raisonnement si habile qu'il ne peut être égalé par nos rivaux pas plus que ceux-ci ne peuvent entrer en compétition avec nous dans la construction de plans d'action politique et de solidarité. A notre connaissance, la seule société capable de lutter avec nous dans cette science serait celle des Jésuites. Mais nous sommes parvenus à la discréditer aux yeux de la foule stupide, comme étant urne organisation apparente, tandis que nous sommes restés dans la coulisse, tenant occulte notre organisation.

En outre, qu'est-ce que cela pourra bien faire au monde que celui qui doit devenir son maître soit le chef de l'Église catholique ou un despote du sang de Sion ? Mais à nous, le « peuple choisi », la chose ne peut-être indifférente.

Désunion des peuples chrétiens.

Pendant un certain temps, les Gentils pourraient peut-être bien composer avec nous. Mais, sur ce point, nous ne courons aucun danger, étant sauvegardés par les profondes racines de leur haine mutuelle qui ne peuvent être extirpées. Nous avons mis en désaccord les uns avec les autres tous les intérêts personnels et nationaux des Gentils pendant près de vingt siècles, en y mêlant des préjugés de religion et de tribu. De tout cela, il résulte que pas un seul gouvernement ne trouvera d'appui chez ses voisins lorsqu'il fera contre nous appel à leur aide, parce que chacun d'eux pensera qu'une action intentée contre nous pourrait être désastreuse pour son existence individuelle. Nous sommes trop puissants — le monde doit compter avec nous. Les gouvernements ne peuvent même pas faire un traité de peu d'importance sans que nous y soyons secrètement impliqués.

Le « génie » du peuple élu.

« Per me reges regunt » (Que les rois règnent par moi).

Nous lisons, dans la « Loi des Prophètes », que nous avons été choisis pour gouverner la terre. Dieu nous donna le génie pour que nous puissions accomplir cette œuvre. S'il se trouvait un génie dans le camp ennemi, il pourrait, cependant, nous combattre, mais un nouveau venu ne pourrait se mesurer à de vieux lutteurs de notre espèce, et le combat serait entre nous d'une nature si désespérée que le monde n'en a encore jamais vu de semblable. Il est déjà trop tard pour leur génie.

L'or, seule puissance gouvernementale.

Tous les rouages du mécanisme de l'État sont mus par une force qui est entre nos mains, à savoir : l'or.

La science de l'économie politique, élaborée par nos savants, a déjà prouvé que la puissance du capital surpasse le prestige de la couronne.

Le monopole des affaires.

Le capital, pour avoir le champ libre ; doit obtenir le monopole de l'industrie et du commerce. Ceci est en voie d'être réalisé, dans toutes les parties du monde, par une main invisible. Un tel privilège donnera un pouvoir politique aux industriels qui, s'enrichissant de profits excessifs, opprimerons le peuple :

De nos jours, il est plus important de désarmer le peuple que de le mener à la guerre. Il est plus important d'utiliser pour notre cause les passions brûlantes que de les éteindre, d'encourager les idées des nôtres et de s'en servir pour nos desseins que de les écarter.

Le rôle de notre presse.

Le problème essentiel de notre gouvernement est celui-ci ; comment affaiblir la pensée publique par la critique, comment lui faite perdre sa puissance de raisonnement, celle qui engendre l'opposition, et comment distraire l'esprit public par une phraséologie dépourvue de sens ?

Discours éloquents De tout temps, les nations, comme les individus, ont pris les mots pour des actes. Satisfaits de ce qu'ils entendent, ils remarquent rarement si la promesse a vraiment été tenue. C'est pourquoi, dans le seul but de parader, nous organiserons des institutions dont les membres, par des discours éloquents, prouveront et glorifierons leur contribution au « progrès ».

Nous nous donnerons une attitude libérale vis-à-vis de tous les partis et de toutes les tendances, et nous la communiquerons à tous nos orateurs. Ces orateurs seront si loquaces qu'il fatigueront le peuple de leurs discours, à ce point qu'ils lui rendront tout genre d'éloquence insupportable.

... et corruption de l'opinion publique.

Pour s'assurer l'opinion publique, il faut, tout d'abord, l'embrouiller complètement en lui faisant entendre de tous côtés et de toutes manières des opinions contradictoires, jusqu'à qu'à ce que les Gentils soient perdus dans leur labyrinthe. Ils comprendront alors que le meilleur parti à prendre est de n'avoir aucune opinion en matière politique ; matière qui n'a pas été comprise du public, mais qui doit être exclusivement réservée à ceux qui dirigent les affaires. Ceci est le premier secret.

Le second secret, nécessaire au succès de notre gouvernement, consiste à multiplier à un tel degré les fautes, les habitudes, les passions et les lois conventionnelles, du pays que personne ne soit plus capable de penser clairement dans ce chaos ; les hommes cesseront ainsi de se comprendre les uns les autres.

Cette politique nous aidera également à semer des dissensions parmi tous les partis, à dissoudre toutes les puissantes collectivités et à décourager toute initiative individuelle pouvant gêner nos projets.

Contre toute initiative personnelle.

Il n'est rien de plus dangereux que l'initiative personnelle : s'il y avait un cerveau par derrière, elle pourrait nous faire plus de mal que les millions d'individus que nous avons mis aux prises.

Il nous faut diriger l'éducation des sociétés chrétiennes, de telle façon que, chaque fois que l'initiative est requise pour une entreprise, elles s'avouent désespérément vaincues. La tension produite par la liberté d'action perd de sa force dés qu'elle se heurte à la liberté d'autrui ; de là, les chocs moraux, les déceptions et les échecs.

Le Super-gouvernement juif.

Par tous ces moyens nous opprimerons tant les Chrétiens qu'ils seront contraints de nous demander de les gouverner internationalement. Dès que nous aurons atteint une telle position, nous pourrons aussitôt absorber toutes les puissances gouvernementales du monde entier et former un super-gouvernement universel. Nous remplacerons les gouvernements existants par un monstre que nous appellerons l'Administration du Super-gouvernement. Ses mains s'étendront au loin comme de longues tenailles et il aura à sa disposition une organisation telle qu'il ne pourra manquer de soumettre toutes les nations.

Sixième protocole

L'absorption des fortunes.

Bientôt nous nous mettrons à organiser de grands monopoles, réservoirs de richesses colossales dans lesquels entreront précisément les grosses fortunes des Gentils, en sorte qu'elles sombreront ensemble, avec le crédit de leur gouvernement, le lendemain de la crise politique.

Que les économistes présents parmi vous aujourd'hui mesurent seulement l'importance de ce dessein !

Nous devons employer toute espèce de moyens possibles pour développer la popularité de notre Super-gouvernement, le présentant comme le protecteur et le, rémunérateur de tous ceux qui, volontairement, se soumettent à nous.

Ruiner l'aristocratie par les impôts.

L'aristocratie des Gentils, comme puissance politique, n'est plus. Il est donc inutile de nous en occuper désormais à ce point de vue ; mais, comme propriétaires fonciers, les aristocrates sort encore dangereux pour nous, parce que leur indépendance est assurée par leurs ressources. Il nous est donc indispensable de dépouiller à tout prix l'aristocratie de ses terres, pour arriver à ce but, la meilleure méthode est d'élever les impôts et les taxes. Cette méthode maintiendra les revenus des biens fonciers au minimum. Les aristocrates Gentils qui, par les goûts dont ils ont hérité, sont incapables de se contenter de peu, seront bientôt ruinés.

Pour drainer toutes les richesses.

Il faut qu'en même temps nous protégions le plus possible le commerce et l'industrie, et tout particulièrement la spéculation, dont le principal rôle est de servir de contrepoids à l'industrie.

Sans la spéculation, l'industrie accroîtrait les capitaux privés et tendrait à relever l'agriculture en affranchissant. la terre de dettes et d'hypothèques avancées par les banques agricoles. Il est essentiel que l'industrie draine toutes les richesses de la terre et que la spéculation verse entre nos mains ces mêmes richesses ainsi captées. Par ce moyen, tous les Gentils seront jetés dans les rangs du prolétariat. Alors, les Gentils se courberont devant nous pour obtenir le droit d'exister.

Encourager le luxe.

Afin de ruiner l'industrie des Gentils et d'activer la spéculation, nous encouragerons l'amour du luxe effréné que nous avons déjà développé.

Salaires et « vie chère ».

Nous augmenterons les salaires, ce qui ne soulagera pas les ouvriers, car, en même temps, nous élèverons le prix des objets de première nécessité, sous prétexte de mauvaises récoltes.

L'alcoolisme.

Nous voulons aussi ruiner la production dans sa base en semant des germes d'anarchie parmi les ouvriers et en flattant leur goût pour l'alcool. Nous emploierons, en même temps, tous les moyens possibles pour chasser de la terre toute l'intelligence des Gentils.

Fausses doctrines économiques.

Pour que les Gentils ne se rendent pas prématurément compte de la véritable situation des affaires, nous la dissimulerons sous un désir apparent d'aider les classes ouvrières dans la solution des grands problèmes économiques, dont nos théories économiques facilitent la propagande de toutes les manières possibles.

SEPTIÈME PROTOCOLE

Les armements.

L'intensification du service militaire et l'augmentation des forces de police sont essentielles à la réalisation des plans ci-dessus mentionnés. Il faut que nous arrangions les choses de façon qu'en dehors de nous il n'y ait dans tous les pays qu'un immense prolétariat dont tous les individus seront autant de soldats et d'agents de police dévoués à notre cause.

Fomenter la lutte entre Nations.

Dans toute l'Europe, et avec l'aide de l'Europe, sur les autres continents, nous devons exciter la sédition, les dissensions et l'hostilité mutuelle. Il y a à cela double avantage d'abord nous commandons par ces moyens le respect de tous les pays qui avent bien que nous avons le pouvoir de créer les soulèvements à volonté ou de restaurer l'ordre. Tous les pays sont accoutumés à recourir à nous quand la répression devient nécessaire. En second lieu, nous embrouillerons, par nos intrigues, tous les fils ourdis par nous dans les ministères de tous les gouvernements, non seulement au moyen de notre politique, mais par des conventions commerciales et des obligations financières.

Pour atteindre ces fins, il nous faudra recourir à beaucoup de ruse et d'artifice pendant les négociations et les débats ; mais dans ce qui s'appelle le « langage officiel », nous semblerons adopter la tactique opposée et paraîtrons honnêtes et conciliants. Ainsi, les gouvernements des Gentils, à qui nous avons appris de ne regarder que le côté brillant des affaires, telles que nous les leur présentons, nous considéreront même comme les bienfaiteurs et les sauveurs de l'humanité.

Buts des guerres.

Nous devons être à même de répondre à toute opposition par une déclaration de guerre du pays voisin de L'État qui ose se mettre en travers de notre route ; mais si ces voisins, à leur tour ; devaient se décider à s'unir contre nous, il faudrait leur répondre en déchaînant une guerre mondiale.

L'art politique.

En politique, le succès capital consiste dans le degré de secret qu'on a su garder pour y atteindre. Les actes d'un diplomate ne doivent pas correspondre à ses paroles.

L'opinion publique.

Pour favoriser notre plan mondial, qui est près d'aboutir à ses fins désirées, il nous faut influencer les gouvernements des Gentils par ce que l'on nomme l'opinion publique, pré-disposée par nous au moyen de la plus grande de toutes les puissances : la presse, qui, à part quelques insignifiantes exceptions, auxquelles il ne vaut pas la peine de s'arrêter, est tout entière entre nos mains.

Bref, afin de démontrer que tous les gouvernements des Gentils d'Europe nous sont asservis, nous manifesterons notre pouvoir à l'un d'eux, au moyen de crimes, de violences, c'est-à-dire par un règne de terreur, et, au cas où ils se révolteraient tous contre nous, nous répondrions avec les fusils américains, chinois ou Japonais.

Huitième protocole

Une fausse justice.

Nous devons nous assurer tous les moyens dont nos ennemis pourraient se servir contre nous. Nous aurons recours aux expressions les plus obscures et les plus compliquées du dictionnaire de la loi, afin de nous justifier dans le cas où nous serions obligés de prendre des décisions qui pourraient sembler trop hardies ou injustes. Car il sera important d'exprimer de telles décisions d'une manière si énergique, qu'aux yeux du peuple elles puissent paraître de nature excessivement morale, équitable et juste.

Les auxiliaires du Juif.

Notre gouvernement devra s'entourer de toutes les puissances de la civilisation au sein de laquelle il aura à agir. Il attirera à lui les publicistes, les avocats, les praticiens, les administrateurs, les diplomates, et, enfin, tous ceux que nous aurons formés dans nos écoles spéciales modernistes.

But du écoles spéciales.

Ces gens connaîtront les secrets de la vie sociale, ils seront maîtres de toutes les langues rassemblées dans le vocabulaire politique ; ils connaîtront à fond le côté intérieur de la nature humaine avec toutes ses cordes les plus sensibles, sur lesquelles ils auront à jouer. Ces cordes constituent le cerveau des Gentils, leurs bonnes et leurs mauvaises qualités, leurs tendances et leurs vices, les particularités des castes et des classes. Il va sans dire que ces sages conseillers de notre puissance auxquels je fais allusion ne seront pas choisis parmi les Gentils qui ont coutume de poursuivre leur travail administratif sans garder en vue les résultats qu'ils doivent obtenir et sans savoir pour quelle fin ces résultats sont requis. Les administrateurs des Gentils signent des papiers qu'ils ne lisent pas et servent pour l'amour de l'argent ou par ambition.

Professeurs d'économie.

Nous entourerons notre gouvernement de toute une armée d'économistes. C'est la raison pour laquelle la science de l'économie est le principal sujet enseigné aux Juifs. Nous aurons autour de nous des milliers de banquiers, de négociants et, ce qui est plus important encore de millionnaires, parce qu'en réalité l'argent décidera de tout.

Exploitation des gens tarés.

Cependant, tant qu'il ne seras pas sûr de remplir les postes de gouvernement par nos frères juifs, nous confierons ces postes importants à des gens dont les antécédents et la réputation sont si mauvais, qu'ils forment un abîme entre eux et la nation, et à des hommes tels, qu'au cas où ils enfreindraient nos ordres, ils pourraient s'attendre à être jugées et emprisonnés. Et tout ceci dans le but de les obliger à défendre nos intérêts jusqu'à leur dernier souffle.

Neuvième protocole

Pour la rééducation des peuples.

En appliquant nos principes, faites surtout attention au caractère de la nation particulière au sein de laquelle vous vivez et devez travailler. Il ne faut pas vous attendre à réussir en appliquant partout nos doctrines, jusqu'à ce que la nation en question ait été rééduquée par nos principes ; mais, en procédant avec précaution dans leur application, vous découvrirez qu'avant, dix ans le caractère le plus obstiné aura changé, et nous aurons ajouté une nation de plus à celles qui nous ont déjà fait leur soumission.

Destruction des pouvoirs.

À la formule libérale de notre devise maçonnique : « Liberté, Égalité, Fraternité » nous substituerons non pas les mots de notre devise, mais des mots exprimant simplement une idée, et nous dirons « Le droit de la Liberté, le devoir de l'Égalité et l'idée de Fraternité », tenant ainsi le taureau par les cornes. En fait, nous avons déjà détruit tous les pouvoirs régnants, excepté le nôtre ; mais, en théorie, ils existent encore.

L'antisémitisme de certains nous favorise.

Actuellement, si quelques gouvernements se rendent répréhensibles à notre égard, ce n'est que pure formalité et tout se passe avec notre connaissance et notre plein consentement, car nous avons besoin de leurs débordements antisémites pour maintenir dans l'ordre nos frères inférieurs. Je ne m'étendrai pas sur ce point qui a déjà fait le sujet de nombreuses discussions.

La dictature Juive.

Somme toute, nous ne rencontrerons aucune opposition. Notre gouvernement est dans une situation si extraordinairement forte devant la loi que nous pouvons presque le définir par l'énergique expression de dictature. Je peux honnêtement dire que, pour le temps présent, nous sommes des législateurs ; nous tenons des assises et infligeons des peines : nous mettons à mort, ou faisons grâce ; nous sommes, pour ainsi dire, le commandant en chef chevauchant à la tête de toutes les armées. Nous gouvernons par la force puissante parce que les restes d'un parti, puissant jadis, sort entre nos mains ; ce parti nous est aujourd'hui assujetti. Nous avons des ambitions illimitées, une convoitise dévorante, une vengeance impitoyable et une haine intense.

La source de la terreur.

Nous sommes la source d'une terreur s'étendant au loin.

Nos serviteurs

Nous avons à notre service des gens de toute opinion et de tous les partis : des hommes désireux de rétablir les monarchies, des socialistes, des communistes et des partisans de toutes sortes d'utopies. Nous les avons tous mis sous le harnais ; chacun à sa manière, miné le reste du pouvoir et essaye de détruire les lois existantes. Par ce procédé, tous les gouvernements sont torturés ; Ils hurlent pour réclamer le repos ; et, pour l'amour de la paix, ils sont prêts à tous les sacrifices. Mais nous ne leur laisserons aucune paix jusqu'à ce qu'ils aient reconnu notre Supergouvernernent international.

Le peuple réclama, en gémissant, la solution indispensable des problèmes sociaux par des moyens internationaux. Les dissensions de partis mirent ceux-ci entre nos mains, parce que, pour conduire l'opposition, il faut de l'argent, et l'argent est sous notre contrôle.

Conflit entre le pouvoir et le peuple.

Nous avons redouté l'alliance de la puissance souveraine et expérimentée du Gentil avec la puissance aveugle de la foule, mais nous avons pris toutes les mesures nécessaires pour supprimer la possibilité d'une telle éventualité. Entre ces deux puissances, nous avons élevé un mur, sous la forme de la terreur qu'elles éprouvent l'une pour l'autre. Ainsi la puissance aveugle de la populace reste pour nous un appui. Nous seuls serons ses chefs et la guiderons vers notre but.

Le contact avec les masses.

Afin que la main de l'aveugle ne puisse se libérer de notre étreinte, nous devons être en contact permanent avec les masses, sinon personnellement, du moins par l'intermédiaire de nos frères les plus fidèles. Lorsque nous serons devenus un pouvoir reconnu, nous nous adresserons personnellement, au peuple, sur les places publiques, et nous ferons son éducation politique dans le sens qui nous conviendra.

Comment pourrons-nous contrôler ce qui est enseigné au peuple dans les écoles de campagne ? En tout cas, il est certain que ce qui est dit par le délégué du gouvernement, ou par le souverain lui-même, ne peut manquer d'être connu de toute la nation, la voix du peule le répandant aussitôt.

L'organisme libéral est entre nos mains.

Afin de ne pas détruire prématurément les institutions des Gentils, nous les avons touchées de notre main expérimentée, et nous avons saisie l'extrémité des ressorts de leur mécanisme. Ceux-ci fonctionnaient autrefois suivant un ordre sévère, mais juste nous nous sommes substitué à un organisme libéral déréglé. Nous avons mis la main sur la juridictions, les manœuvres électorales, sur la direction de la presse, sur le développement de la liberté individuelle, et, ce qui est plus important encore, sur l'éducation, principal appui de l'existence libre.

Corrompre les Goïm (5) et contourner leurs lois.

Nous avons abêti et corrompu la génération actuelle des Gentils en lui enseignant des principes et des théories

5).   *«... L'expression* «les Peuples des nations en l'homme» *signifie les attributs, les désirs (kilim) qu'il n'est pas possible d'utiliser jusqu'au parachèvement de la réparation. Seul le travail sur les désirs « Israël » est possible. « Israël » correspond aux kilim, aux attributs altruistes. Le terme « Goïm»*

que nous savions entièrement faux, mais que nous lui avons nous-mêmes inculqués. Sans amender, en réalité, les lois déjà en vigueur, mais simplement en les contournant et en les interprétant ainsi que ne l'avaient pas prévu ceux qui les ont conçues, nous avons obtenu un résultat extraordinairement utile.

Savoir interpréter les lois.

On peut, tout d'abord, constater ces résultats dans le fait que notre interprétation cacha le sens réel des lois, et les rendit, par suite, si inintelligibles qu'il fut impossible au gouvernement de démêler un Code aussi confus.

De là est sortie la théorie de ne pas s'attacher à la lettre de la loi, mais de juger d'après sa conscience.

De l'utilité des voies souterraines.

On nous objectera que les nations pourraient prendre les armes contre nous si, nos plans étaient prématurément découverts ; mais, en vue de cette possibilité, nous pouvons nous reposer sur la mise en action d'une force si formidable qu'elle ferait frémir les hommes les plus braves. D'ici là, des chemins de fer métropolitains et des passages souterrains seront construits dans toutes les villes. De ces lieux souterrains, nous ferons sauter toutes les cités du monde, avec leurs institutions et leurs documents.

---

correspond aux kilim se caractérisant par l'attribut du recevoir, aux attributs d'égoïsme. Après la réparation de tous les attributs en l'homme, tous les kilim d'Israël et des Goïm doivent s'unir et ressentir le Créateur pleinement (parfaitement). Avant cela, la réparation doit être effectuée par Israël qui doit procéder le premier à sa réparation. A mesure qu'Israël se répare, il rapproche également les Peuples des nations de leur réparation.» Rav Mikhael Laitman — Entretien du 19 octobre 2000 ; traduction : N. Baron, Bnei Baruch, Paris

Dixième protocole

Nécessité du camouflage.

Aujourd'hui, je commencerai par répéter ce qui a été dit précédemment, et je vous prie tous de vous souvenir qu'en politique les gouvernements et les nations sont satisfaits par le côté apparent de toute chose. Et comment auraient-ils le temps d'en examiner le côté intérieur, alors que leurs représentants ne songent qu'aux plaisirs ?

Il est de la plus haute importance pour notre politique de ne pas perdre de vue le détail ci-dessus mentionné qui nous sera d'un grand secours lorsque nous discuterons des questions telles que la répartition des pouvoirs, la liberté de la parole, la liberté de la presse et de la religion, le droit d'association, l'égalité devant la loi, l'inviolabilité de la propriété et du domicile, la question de l'impôt (l'idée d'un impôt secret) et la force rétroactive des lois. Toutes les questions analogues sont d'une nature telle qu'il ne serait pas prudent de les discuter ouvertement devant le peuple ; cependant, au cas où il deviendrait nécessaire d'en parler à la foule, il ne faut pas les énumérer, mais faire, sans entrer dans le détail, des exposés concernant les principes de droit moderne, comme étant reconnus par nous.

L'importance des réticences réside dans le fait qu'un principe non ouvertement proclamé nous laisse la liberté d'action, tandis que ce même principe, une fois déclaré, peut être considéré comme établi.

La fortune sourit aux audacieux.

La nation tient en grand respect la puissance d'un génie politique ; elle supporte ses actes les plus hardis et les commente ainsi : *« Quelle escroquerie, mais qu'elle a été bien faite, et avec quel courage ! »*

Nous comptons, en attirant toutes les nations, travailler à construire les fondations d'un nouvel édifice dont nous avons fait les plans. Pour cela, il nous faut acquérir le concours d'agents hardis et audacieux, capables de surmonter tous les obstacles qui entraveraient notre marche.

Importance du mensonge et du vote.

Quand nous ferons notre « coup d'État », nous dirons au peuple : *« tout a très mal marché jusqu'ici, vous avez tous souffert ; nous détruisons, maintenant, la cause de vos souffrances, à savoir : les patries, les frontières et les valeurs financières nationales. Certes, vous serez libres de nous condamner, mais votre jugement sera-t-il juste, si vous le prononcez sans avoir expérimenté ce que nous pouvons faire pour votre bien ? »*

Alors, dans un élan d'espoir et d'exultation, ils nous porteront en triomphe sur leurs épaules. La puissance du vote — dont nous avons investi les membres les plus insignifiants de l'humanité en organisant des réunions et des conventions réglées d'avance — jouera alors son dernier rôle ; cette puissance au moyen de laquelle, *« nous sommes montés sur le trône »*, s'acquittera de sa dernière dette envers nous en témoignant de son anxiété de voir le résultat de notre proposition avant de prononcer son jugement.

Le suffrage universel, arme de choc.

Pour obtenir la majorité absolue, il faudra que nous amenions tout le monde à voter, sans distinction de classes. On n'obtiendrait pas cette majorité par les seules classes instruites ou par une société divisée en castes.

La famille doit disparaître.

Après avoir ainsi rempli l'esprit de l'homme de sa propre importance, nous détruirons la vie de famille des Gentils et son influence éducatrice ; nous empêcherons les hommes de valeur de percer, et, sous notre direction, la populace les tiendra sous le joug et ne leur permettra pas même d'exposer leurs plans.

La foule a l'habitude de nous écouter, nous qui payons son attention et son obéissance. Nous créerons, par ces moyens, une force si aveugle qu'elle ne sera jamais capable de prendre aucune décision sans l'avis de nos agents, placés par nous pour la guider.

La foule se soumettra donc à ce système, parce qu'elle saura que ses gages, ses gains et tous autres bénéfices lui viendront par ces guides.

L'unité de commandement est nécessaire.

Le système de gouvernement doit être l'œuvre d'une seule tête, parce qu'il serait impossible de le consolider s'il était l'œuvre combinée de nombreuses intelligences. C'est pourquoi il ne nous est permis de connaître que le plan d'action, mais nous ne devons, en aucune façon, le discuter, sous peine d'en détruire l'efficacité, les fonctions de ses différentes parties et le sens pratique de chacun de ses points. Si de tels plans étaient mis en discussion et altérés par des passages répétés au scrutin de vote, ils seraient déformés par suite des conceptions erronées des électeurs qui n'auraient pas approfondi leur signification. Il est donc nécessaire que nos plans soient décisifs et logiquement conçus. C'est la raison pour laquelle il ne faut pas lancer à la foule, ni même à une petite coterie, pour qu'elle soit mise en pièces, la grande œuvre de notre chef. Ces plans ne bouleverseront pas pour l'instant les institutions existantes. Ils ne changeront que leur théorie économique, et, partant, toute la marche de leurs procédures qui suivront alors inévitablement le chemin prescrit par nos plans.

Saper les institutions de l'État.

Les mêmes institutions existent dans tous les pays ; leurs noms seuls diffèrent : les Chambres, les Ministères, le Sénat, un Conseil privé, des Départements législatif et administratif.

Je n'ai pas à vous expliquer le mécanisme qui relie ces diverses institutions, il vous est déjà bien connu.

Retenez seulement que chacune des institutions susnommées correspond à quelque fonction importante du gouvernement. (J'applique le mot « importante » non pas aux institutions, mais à leurs fonctions.)

Toutes ces institutions se sont partagé toutes les fonctions du gouvernement, c'est-à-dire le pouvoir administratif, le pouvoir législatif et le pouvoir exécutif. Et leurs fonctions sont devenues semblables à celles des différents organes du corps humain.

Si nous portons atteinte à quelque partie que ce soit de la machine gouvernementale, l'État tombera malade, comme le ferait un corps humain, et il mourra.

Le libéralisme, ce poison mortel.

Lorsque nous eûmes injecté le poison du libéralisme dans l'organisation de l'État, sa complexion politique changea ; les États furent infectés d'une maladie mortelle : la décomposition du sang. Il ne reste plus qu'à attendre la fin de leur agonie.

Les tares des états constitutionnels.

Le libéralisme donna naissance aux gouvernements constitutionnels qui prirent la place de l'autocrate — la seule forme de gouvernement saine pour les Gentils. Toute constitution, comme vous le savez par vous-mêmes, n'est autre chose qu'une école de dissensions, de mauvaise entente, de querelles et d'agitations inutiles de partis ; en résumé, c'est l'école de tout ce qui affaiblit la force du gouvernement. La tribune comme la presse tendirent à rendre les gouvernants inactifs et faibles, et, par conséquent, inutiles et superflus ; c'est pourquoi ils furent déposés dans bien des pays.

L'institution d'une ère républicaine devint alors possible, et nous remplaçâmes le souverain par sa caricature en la personne d'un président tiré par nous de la foule et choisi parmi nos créatures et nos esclaves.

C'est de cette manière que nous avons posé la mine sous les Gentils, ou, mieux, sous les nations des Gentils.

Des présidents responsables...

Dans un avenir prochain, nous rendrons le président responsable. Nous appliquerons hardiment alors, et sans scrupule, les plans dont notre « dummy » (celui qui fait « le mort » au whist) sera responsable. Que nous importe si les rangs des coureurs de places s'éclaircissent, s'il s'élève des troubles parce qu'on ne peut trouver de président — troubles qui finiront par désorganiser le pays ?

... Réduits au rôle de pantins.

Pour arriver à de tels résultats, nous prendrons nos mesures, afin qu'on nomme des présidents ayant à leur passif un scandale comme le « Panama », ou quelque autre affaire louche du même genre. Un président de cet acabit sera le fidèle exécuteur de nos plans, parce qu'il craindra d'être découvert, et sera dominé par cette peur qui s'empare toujours d'un homme parvenu au pouvoir et qui désire vivement conserver les privilèges et les honneurs que lui confère sa haute charge. La Maison des Représentants élira, protégera et masquera le président ; mais nous retirerons à cette chambre son pouvoir d'introduire et de modifier les lois.

Nous donnerons ce pouvoir au président responsable, qui sera comme une marionnette entre nos mains. Le pouvoir du président deviendra, en pareil cas, une cible exposée à toutes sortes d'attaques, mais nous lui donnerons un moyen de défense dans son droit d'appel au peuple par-dessus la tête des députés de la nation, c'est-à-dire qu'il en appellera directement au peuple composé de nos esclaves aveugles — la majorité de la populace. De plus, nous conférerons au président le pouvoir de proclamer la loi martiale. Nous expliquerons cette prérogative par le fait que le président, étant le chef de l'armée, doit la tenir sous son autorité pour protéger la nouvelle Constitution républicaine ; il doit sa protection à cette Constitution dont il est le représentant responsable.

Contrôle de la législation.

Il est clair que, dans de telles conditions, la clef de la situation intérieure sera entre nos mains, et nul autre que nous ne contrôlera la législation.

Pour une nouvelle Constitution démocratique.

De plus, quand nous instaurerons la nouvelle Constitution républicaine, sous prétexte de secret d'État, nous priverons la Chambre de son droit de discuter l'opportunité des mesures prises par le gouvernement. Par cette nouvelle Constitution, nous réduirons également au minimum le nombre des représentants de la nation, diminuant ainsi du même coup, d'un nombre équivalent, les passions politiques, et la passion de la politique. Si, en dépit de tout, ils se montraient récalcitrants, nous supprimerions les derniers représentants en faisant appel à la nation. Le président aura la prérogative de nommer le président et le vice-président de la Chambre des députés et du Sénat. Nous substituerons aux sessions permanentes des Parlements des sessions de quelques mois seulement. En outre, le président, comme chef du pouvoir exécutif, aura le droit de convoquer et de dissoudre le Parlement, et, en cas de dissolution, de différer la convocation d'un nouveau Parlement. Mais, afin que le président ne soit pas tenu pour responsable des conséquences de ces actes, à proprement parler illégaux, avant que nos plans soient parvenus à maturité, nous convaincrons les ministres et les autres hauts personnages officiels qui entourent le président, de dénaturer ses ordres en lançant des instructions à leur guise, ce qui les obligera à assumer une responsabilité qui incombait au président. Nous recommanderions, tout particulièrement, de confier cette fonction au Sénat, au Conseil d'État ou au Conseil des Ministres, mais non à des individus. Sous notre direction, le président interprétera les lois qui pourraient être comprises de plusieurs manières.

De plus, il annulera les lois au cas où cela nous paraîtrait opportun. Il aura également le droit de proposer de nouvelles lois temporaires et même des modifications dans l'œuvre constitutionnelle du gouvernement, invoquant pour cela les exigences de la prospérité du pays.

L'autocratie juive.

De telles mesures nous permettront de retirer graduellement tous les droits et toutes les concessions que nous aurions pu être tout d'abord contraints d'accorder en nous arrogeant le pouvoir. Nous aurons été obligés de les introduire dans la Constitution des gouvernements pour dissimuler l'abolition progressive de tous les droits constitutionnels, lorsque l'heure viendra de substituer notre autocratie à tous les gouvernements existants.

Vers le règne d'un souverain juif.

Il est possible que notre autocrate soit reconnu avant l'abolition de Constitutions, autrement dit, la reconnaissance de notre gouvernement partira du moment où le peuple, déchiré par les discordes et souffrant de la faillite de ses dirigeants (faillite préparée par nous), vociférera : « Déposez-les, et donnez-nous un chef mondial qui puisse nous unir et détruire toutes les causes de dissensions, c'est-à-dire les frontières, les nationalités, les religions, les dettes d'État, etc., un chef qui puisse nous donner la paix et le repos que nous ne pouvons trouver sous le gouvernement de nos souverains et de nos représentants ».

Les Loges, instrument de contagion.

Mais vous le savez parfaitement bien vous-mêmes, pour que la multitude en arrive à hurler cette requête, il faut que dans tous les pays on trouble continuellement les relations qui existent entre le peuple et les gouvernements, — les hostilités, les guerres, les haines, et même le martyre de la faim et du besoin, des maladies inoculées, et cela à un tel degré que les Gentils ne voient d'autre issue à leurs malheurs qu'un appel à notre argent et à notre complète souveraineté.

Mais si nous donnons à la nation le temps de se ressaisir, il est peu probable que pareille opportunité se représente.

Onzième protocole

Fondements de la nouvelle Constitution

Le Conseil d'État sanctionnera la puissance du souverain. En tant que corps législatif officiel, il sera, pour ainsi dire, un Comité destiné à lancer les ordres des gouvernants.

Voici donc un programme de la Constitution nouvelle que nous préparons au monde. Nous ferons les lois, définirons les droits constitutionnels et administratifs : 1° au moyen d'édits de la Chambre législative, proposés par le président ; 2° au moyen d'ordres généraux et d'ordres du Sénat et du Conseil d'État, et au moyen des décisions du Cabinet, et, 3° lorsque le moment opportun se présentera, au moyen d'un coup d'État.

Notre révolution

Ayant ainsi déterminé les grands traits de notre plan d'action, nous allons discuter les détails qui peuvent nous être nécessaires pour accomplir la révolution dans tous les rouages de la machine de l'État, suivant le sens que j'ai déjà indiqué. Par ces détails, j'entends la liberté de religion, l'élection des représentants du peuple, et bien d'autres droits qui auront à disparaître de la vie courante des hommes. S'ils ne disparaissent pas tous entièrement, ils devront être radicalement transformés dès le lendemain du jour où sera proclamée la Constitution nouvelle. Ce serait seulement à ce moment précis qu'il n'y aurait plus aucun danger pour nous à faire connaître toutes les innovations, et cela pour la raison suivante : tout changement apparent, en un autre temps, pourrait être dangereux, parce que s'il était introduit par la force, et mis en vigueur strictement et sans discernement, il tendrait à exaspérer le peuple qui redouterait de nouveaux changements dans des conditions semblables. D'autre part, si ces changements devaient nous obliger à accorder plus de concessions encore, le peuple dirait que nous reconnaissons nos erreurs, et cela pourrait ternir la gloire de l'infaillibilité du nouveau pouvoir. Il pourrait également dire que nous avons été effrayés et contraints de céder. Et si tel était le cas, le monde ne nous remercierait jamais, parce qu'il considère comme son droit d'obtenir toujours des concessions. Si l'une ou l'autre de ces impressions agissait sur l'esprit du public, ce serait un immense danger pour le prestige de la Constitution nouvelle.

Il est essentiel pour nous que, dès cette proclamation, tant que le peuple souffrira encore du brusque changement et sera dans un état de terreur et d'indécision, il se rende compte que nous sommes si puissants, si invulnérables, si pleins de force, qu'en aucun cas nous ne prendrons ses intérêts en considération. Nous tiendrons à ce qu'il soit convaincu que non seulement nous ignorons ses opinions et ses désirs, mais que nous serons prêts à tout moment et en tous lieux à réprimer énergiquement toute manifestation ou toute velléité d'opposition. Nous ferons entendre au peuple que nous avons pris tout ce que nous désirions et que nous ne lui permettrons jamais de partager le pouvoir avec nous. Alors, la crainte lui fermera les yeux, et il attendra patiemment la suite des événements.

Loups et moutons.

Les Gentils sont comme un troupeau de moutons — nous sommes les loups. Et savez-vous ce que font les moutons lorsque les loups pénètrent dans la bergerie ? Ils ferment les yeux. Nous les amènerons à faire de même, car nous leur promettrons de leur rendre toutes leurs libertés après avoir asservi tous les ennemis du monde et obtenu la soumission de tous les partis. J'ai à peine besoin de vous dire combien de temps ils auront à attendre le retour de leurs libertés.

Ce que cachent les Loges.

Pour quelle raison avons-nous été conduits à imaginer notre politique et à l'implanter chez les Gentils ? Nous la leur avons inculquée sans leur en laisser comprendre le sens intime. Qu'est-ce qui nous a poussés à adopter une telle ligne de conduite, sinon ce fait que, race disséminée, nous ne pouvions atteindre notre objet par des moyens directs, mais seulement par des moyens détournés ? Telle fut la cause réelle de notre organisation de la Maçonnerie, dont ces pourceaux de Gentils n'ont pas approfondi le sens, ni même soupçonné le but. Ils sont attirés par nous dans la multitude de nos Loges, qui paraissent être uniquement maçonniques pour jeter de la poudre aux yeux de leurs camarades.

Par la miséricorde de Dieu, son peuple élu fut dispersé, et cette dispersion, qui parut au monde comme notre faiblesse, a constitué toute notre puissance, laquelle nous a conduits au seuil de la souveraineté universelle.

Il nous reste peu de chose à ajouter à ces fondations pour atteindre notre but.

Douzième protocole

La liberté.

Le mot « liberté », qui peut être interprété de diverses manières, nous le définirons ainsi : « La liberté est le droit de faire ce qui est permis par la loi ». Une telle définition nous sera utile en ce sens qu'elle nous réserve de déterminer où il y a et où il n'y aura pas de liberté, pour la simple raison que la loi permettra seulement ce qui peut satisfaire nos désirs.

La presse.

Envers la presse, nous nous conduirons de la manière suivante : Quel est actuellement le rôle joué par la presse ? Elle sert à déchaîner sur les peuples les plus violentes passions, ou, quelquefois, des luttes égoïstes de partis qui peuvent être nécessaires à nos desseins. Elle est souvent creuse, injuste, fausse, et la plupart ne comprennent en rien ses intentions véritables. Nous la mettrons sous le joug et la conduirons avec des rênes solides ; nous devrons également nous assurer le contrôle de toutes les formes de publications. Il ne serait d'aucune utilité pour nous de contrôler les journaux, si nous restions exposés aux attaques des brochures et des livres. Nous ferons du produit de la publicité, actuellement si coûteuse, une ressource avantageuse pour notre gouvernement, en introduisant un droit de timbre spécial et en contraignant les éditeurs et les imprimeurs à nous verser une caution afin de garantir notre gouvernement contre toutes espèces d'attaques de la part de la presse. En cas d'attaque, nous répondrions de tous côtés par des amendes. Ces mesures, timbres, cautions, amendes, seront une importante source de revenus pour le gouvernement. Certainement, des organes de partis ne regarderont pas à payer de fortes amendes, mais, après une seconde attaque sérieuse contre nous, nous les supprimerons totalement. Nul ne pourra impunément toucher au prestige de notre infaillibilité politique. Pour interdire une publication, nous trouverons le prétexte suivant : — la publication qui vient d'être supprimée excitait, dirons-nous, l'opinion publique, sans aucune raison ou aucun fondement. Je vous prie de bien remarquer que, parmi les publications agressives, se trouveront celles qui auront été créées par nous dans ce dessein ; mais ces dernières n'attaqueront notre politique que sur les points où nous nous serons proposé un changement.

La censure.

Aucune information n'atteindra la société sans passer par notre contrôle. Ceci est déjà pour nous un point acquis par le fait que toutes les nouvelles sont reçues de toutes les parties du monde par un petit nombre d'agences qui les centralisent. Lorsque nous serons arrivés au pouvoir, ces agences nous appartiendront entièrement et ne publieront que les nouvelles qu'il nous plaira de laisser paraître.

Si, dans les conditions actuelles, nous avons réussi à obtenir, sur la société des Gentils, un contrôle tel qu'elle n'entrevoie les affaires du monde qu'à travers des lunettes colorées que nous lui avons mises devant les yeux ; si, dès maintenant, aucune barrière ne peut nous empêcher de pénétrer les secrets d'État, ainsi que les nomme la stupidité des Gentils, quelle ne sera pas notre situation, lorsque nous serons officiellement reconnus comme les dirigeants du monde, dans la personne de notre Empereur mondial ?

Revenons à l'avenir de la presse. Celui qui voudra devenir éditeur, libraire ou imprimeur, devra obtenir un certificat et une licence qui, en cas de désobéissance, lui seraient retirés. Les canaux par lesquels la pensée humaine trouve son expression seront mis entre les mains de notre gouvernement, qui les utilisera comme organe éducateur et qui empêchera ainsi le public d'être dérouté par le « progrès » idéalisateur et par le libéralisme.

Le progrès.

Qui d'entre nous ne sait que cet insigne bienfait mène tout droit à l'utopie d'où naquirent l'anarchie et la haine de l'autorité ? Et cela pour la simple raison que le « progrès », ou plutôt l'idée d'un progrès libéral, donne aux hommes des pensées différentes d'émancipation, sans leur assigner aucune limite. Tous les soi-disant libéraux sont des anarchistes, sinon dans leurs actes, du moins dans leurs idées. Chacun d'eux court après le fantôme de la liberté, pensant qu'il peut faire tout ce qui lui plaît, c'est-à-dire tombant dans un état d'anarchie pour autant qu'il fait de l'opposition par pur amour de l'opposition.

Littérature et journalisme.

Discutons maintenant sur la publication des livres. Nous les taxerons de la même manière que les quotidiens — autrement dit par le moyen de timbres de régie et de cautions. Mais, sur les livres de moins de 300 pages, nous doublerons l'impôt. Nous rangerons cette sorte de livre parmi les brochures, de manière à restreindre la publication des périodiques qui constituent la forme la plus virulente du poison imprimé. Ces mesures obligeront également les écrivains à publier de si longs ouvrages qu'ils seront peu lus du public, surtout en raison de leur prix élevé. Nous-mêmes publierons des livres bon marché, afin d'instruire et de fixer l'esprit public dans le sens qui nous convient. L'impôt réduira la production de la littérature sans sujet spécial, purement récréative ; et le fait qu'ils seront responsables devant la loi mettra les auteurs entre nos mains. Celui qui voudrait nous attaquer avec sa plume ne trouverait pas d'éditeur.

Avant d'imprimer un ouvrage quelconque, l'éditeur ou l'imprimeur devra obtenir des autorités un permis de publier ledit ouvrage. Ainsi nous connaîtrons d'avance toute conspiration contre nous, et nous pourrons la frapper à la tête en prévenant le complot et en publiant une explication.

La littérature et le journalisme sont les deux puissances d'éducation les plus importantes ; pour cette raison, notre gouvernement achètera le plus grand nombre de périodiques. Nous neutraliserons ainsi la mauvaise influence de la presse indépendante, et nous acquerrons un empire énorme sur l'esprit humain. Si nous permettons dix périodiques privés, nous en lancerons trente nous-mêmes, et ainsi de suite.

Mais le public ne doit pas avoir de ces mesures le plus léger soupçon ; aussi, les périodiques par nous publiés devront paraître de vues et d'opinions contradictoires, inspirant ainsi confiance et présentant une forme attrayante à nos ennemis sans défiance, qui tomberont de la sorte dans notre piège et seront désarmés.

Au premier rang, nous placerons la presse officielle. Elle veillera constamment à la défense de nos intérêts, et, par suite, son influence sur le public sera relativement insignifiante. Au second rang, nous placerons la presse semi-officielle, dont le devoir sera d'attirer les tièdes et les indifférents. Au troisième rang, nous placerons la presse qui se donnera l'air de nous faire opposition et qui, dans l'une de ses publications, semblera notre adversaire. Nos véritables ennemis croiront à la sincérité de cette opposition et nous laisseront voir leurs cartes.

Tous les journaux défendront des partis différents — aristocratique, républicain, révolutionnaire et même anarchiste — mais, bien entendu, aussi longtemps seulement que dureront les Constitutions. Ces journaux, comme le dieu indien Vishnou, auront des centaines de mains dont chacune tâtera le pouls de la changeante opinion publique.

Quand le pouls s'accélérera, ces mains inclineront l'opinion publique vers notre cause, car un sujet nerveux est facilement conduit et subit aisément toutes sortes d'influences.

Si quelques bavards s'imaginent qu'ils répètent l'opinion de l'organe de leur parti, ils ne répètent, en réalité, que notre propre opinion ou celle que nous désirons. En pensant qu'ils suivent leur journal, ils suivront, en réalité, le drapeau que nous ferons flotter devant eux. Pour que notre armée de journaux puisse exécuter ce programme dans son esprit, à savoir soutenir les différents partis, il nous faudra organiser notre presse avec grand soin.

Sous le nom de «Commission centrale de la Presse», nous organiserons des meetings littéraires où nos agents, inaperçus, donneront le mot d'ordre et le mot de passe. En discutant et en contredisant notre politique, toujours superficiellement, bien entendu, sans toucher effectivement à aucune de ses parties essentielles, nos organes mèneront des débats simulés avec les journaux officiels, afin de nous donner un motif de définir nos plans avec plus d'exactitude que nous ne le pouvions faire dans nos programmes préliminaires. Mais ceci uniquement lorsqu'il y aura profit pour nous. Cette opposition de la presse nous servira également à faire croire au peuple que la liberté de la parole existe encore. A nos agents, elle donnera l'opportunité de montrer que nos adversaires portent contre nous des accusations dénuées de sens, puisqu'ils seront incapables de découvrir une base réelle pour réfuter notre politique.

De telles mesures, échappant à l'attention publique, seront les plus sûrs moyens de guider l'esprit du peuple et d'inspirer confiance en notre gouvernement.

Grâce à ces mesures, nous pourrons exciter ou calmer l'esprit public sur les questions politiques, lorsque cela nous deviendra nécessaire ; nous pourrons le persuader ou le dérouter en imprimant de vraies ou de fausses nouvelles, des événements exacts ou contradictoires, suivant la convenance de nos desseins. Les informations que nous publierons dépendront de la disposition actuelle du peuple à accepter telle sorte de nouvelles, et nous examinerons toujours soigneusement le terrain avant d'y mettre le pied.

Les restrictions que nous imposerons — comme je l'ai dit — aux publications privées nous permettront de rendre certaine la défaite de nos ennemis, parce qu'ils n'auront aucun organe de presse à leur disposition au moyen duquel ils pourraient donner libre cours à leurs opinions. Nous n'aurons même pas à faire une réfutation totale de leurs affirmations.

Les ballons d'essai que nous lancerons dans le troisième rang de notre presse seront, s'il est nécessaire, réfutés par nous d'une manière semi-officielle.

La franc-maçonnerie et la presse.

Déjà il existe dans le journalisme français un système d'entente maçonnique pour donner les mots d'ordre. Tous les organes de la presse sont liés par des secrets professionnels mutuels, à la manière des anciens augures. Aucun de ses membres ne dévoilera sa connaissance du secret, si l'ordre n'a pas été donné de le rendre public. Pas un seul éditeur n'aura le courage de trahir le secret qui lui a été confié, car nul n'est admis dans le monde littéraire s'il ne porte la marque de quelque acte ténébreux dans son passé. Au moindre signe d'insoumission, la tache serait aussitôt révélée. Tant que ces marques restent connues du petit nombre seulement, le prestige du journaliste attire l'opinion publique à travers le pays tout entier. Le peuple le suit et l'admire.

Les provinces.

Nos plans doivent principalement s'étendre à la province. Il nous est indispensable d'y créer des idées et des opinions telles qu'à un moment donné nous les puissions lancer contre la capitale, en les présentant comme les vues neutres des provinces.

Évidemment, la source et l'origine de ces idées ne seraient pas changées — elles seraient nôtres.

Il est pour nous de toute nécessité qu'avant notre prise de possession du pouvoir les grandes villes soient, pendant quelque temps, sous l'influence de l'opinion des provinces, c'est-à-dire qu'elles connaissent l'opinion de la majorité, opinion par nous préparée. Il nous est nécessaire que les capitales, au moment critique et psychologique, n'aient pas le temps de discuter un fait accompli, mais qu'elles l'acceptent simplement parce qu'il a été approuvé par une majorité dans les provinces.

Un régime infaillible.

Lorsque nous arriverons à la période du nouveau régime — c'est-à-dire pendant la période transitoire qui précédera notre souveraineté —, nous ne permettrons à la presse de publier aucun compte rendu d'affaires criminelles ; il faut que le peuple pense que le nouveau régime est si satisfaisant que le crime même n'existe plus.

Là où le crime sera commis, il ne devra être connu que de la victime et de ceux qui, par hasard, en auront été les témoins, mais de ceux-là seuls.

Treizième protocole

Nos serviteurs.

Le besoin du pain quotidien obligera les Gentils à tenir leurs langues et à rester nos humbles serviteurs. Ceux des Gentils que nous pourrions occuper dans notre presse discuteront, sous nos ordres, les faits que nous ne jugerions pas à propos de discuter dans notre gazette officielle. Et, tandis que tous les genres de discussion et de débats auront lieu de la sorte, nous ferons passer les lois dont nous aurons besoin, puis nous les présenterons au public comme un fait accompli.

Nul n'osera demander que ce qui a été décidé soit abrogé, tout spécialement parce que nous aurons tout coloré de notre intention d'aider au progrès. Alors, la presse détournera l'attention du public par de nouvelles propositions. Vous savez vous-mêmes que nous avons toujours appris au peuple à rechercher de nouvelles émotions.

L'opinion publique.

Des aventuriers politiques, sans cervelle, précipiteront la discussion de nouveaux problèmes, semblables à ceux qui, même de nos jours, ignorent ce dont ils parlent. Les problèmes politiques ne sont pas destinés à être connus du commun des mortels ; ils ne peuvent être compris, comme je l'ai dit plus haut, que des gouvernements qui ont, depuis des siècles, dirigé les affaires. De tout ceci, vous pouvez conclure que nous n'en déférerons à l'opinion publique que pour faciliter le travail de notre machinerie. Vous pouvez également remarquer que nous cherchons l'approbation sur les diverses questions non par des actes, mais par des paroles. Nous affirmons continuellement que, dans toute la mesure possible, nous sommes guidés par l'espoir et la certitude de servir le bien public.

Commerce et industrie.

Afin de détourner les gens agités des questions politiques, nous leur fournirons de nouveaux problèmes, concernant le commerce et l'industrie, par exemple. Qu'ils s'excitent sur ces questions tant qu'ils voudront. Les masses ne consentent à s'abstenir et à se détacher de ce qu'elles croient être l'action politique que si nous leur procurons de nouveaux amusements : le commerce, par exemple, que nous essayons de leur faire passer comme question politique. Nous-mêmes avons amené les masses à prendre part à la politique pour nous assurer leur appui dans notre campagne contre les gouvernements des Gentils.

Distraire pour mieux tromper.

Pour les empêcher de se découvrir une nouvelle ligne de conduite en politique, nous les distrairons également par toutes sortes de divertissements : jeux, passe-temps, passions, maisons publiques.

Nous allons bientôt lancer des annonces dans les journaux, invitant le peuple à prendre part à des concours de tout genre : artistiques, sportifs, etc. Ces nouveaux divertissements distrairont définitivement l'esprit public des questions qui pourraient nous mettre en conflit avec la populace. Comme le peuple perdra graduellement le don de penser par lui-même, il hurlera avec nous, pour cette raison bien simple que nous serons les seuls membres de la société à même d'avancer des idées nouvelles ; ces voies inconnues seront ouvertes à la pensée par des intermédiaires qu'on ne pourra soupçonner être des nôtres.

Crédulité des Goïm.

Le rôle des idéalistes libéraux sera définitivement terminé quand notre gouvernement sera reconnu. Jusque-là, ils nous rendront grand service, et c'est pourquoi nous essayerons d'incliner l'esprit public vers toutes sortes de théories fantastiques qui pourraient être avancées ou libérales. C'est nous qui avons, avec un succès complet, tourné les têtes sans cervelle des Gentils vers le socialisme, par nos théories progressistes ; on ne trouverait pas parmi les Gentils un seul homme capable de s'apercevoir que, hors les cas où il s'agit de découvertes matérielles ou scientifiques, il y a toujours derrière le mot « progrès » un leurre quelconque. Car il n'existe qu'un seul enseignement vrai dans lequel le « progrès » n'a point de place. Le progrès, comme toute idée fausse, sert à cacher la vérité pour que personne ne la sache que nous, le Peuple élu de Dieu, pour en être le gardien.

Le monde aux mains des Juifs.

Lorsque nous aurons le pouvoir, nos orateurs discuteront les grands problèmes qui ont bouleversé l'humanité que nous amènerons, enfin, sous notre joug béni.

Qui se doutera alors que tous ces problèmes furent lancés à notre instigation, pour servir un plan politique que nul n'aura saisi durant tant de siècles ?

QUATORZIÈME PROTOCOLE

La religion juive seule tolérée.

Quand nous serons les maîtres de la terre, nous ne tolérerons aucune religion que la nôtre, c'est-à-dire une religion n'admettant qu'un seul Dieu à qui notre destin est lié par l'élection qu'il fit de nous, et par qui est également déterminé le destin du monde.

Il faut, pour cette raison, que nous abolissions toutes les professions de foi. Si, momentanément, le résultat obtenu est de faire des athées, notre but n'en sera pas contrarié, mais cela servira d'exemple aux générations futures qui écouteront notre enseignement sur la religion de Moïse, religion dont la doctrine ferme et bien réfléchie nous imposa le devoir de mettre toutes les nations sous nos pieds.

En agissant ainsi, nous insisterons également sur les vérités mystiques de l'enseignement mosaïque, desquelles dépend, dirons-nous, toute valeur éducative.

La paix dans l'esclavage

Puis, nous publierons, en toute occasion, des articles dans lesquels nous comparerons notre avantageuse autorité à celle du passé. L'état de bénédiction et de paix qui existera alors, bien qu'il sera le fruit de longs siècles de perturbation, mettra encore en relief le bienfait de notre nouveau gouvernement. Nous exposerons, sous les couleurs les plus vives, les erreurs commises par les Gentils dans leur administration. Nous soulèverons un tel dégoût pour l'ancien régime que les nations préféreront la paix dans l'esclavage aux droits que lui donnerait la liberté si haut exaltée, mais qui les a si cruellement torturés, qui a épuisé les sources de l'existence humaine et vers lesquels poussait seule, à vrai dire, une troupe d'aventuriers qui ne savaient pas ce qu'ils faisaient.

Les inutiles changements de gouvernement auxquels nous aurons poussé les Gentils, pour ruiner leur édifice gouvernemental, auront tellement fatigué les peuples, qu'ils préféreront tout endurer de nous dans la crainte d'avoir à souffrir, de nouveau, les tourments et les malheurs qu'ils auront subis. Nous attirerons une attention spéciale sur les erreurs historiques des gouvernements des Gentils, erreurs qui les conduisirent à martyriser l'humanité durant tant de siècles, parce qu'ils n'entendaient rien à ce qui concerne le vrai bonheur de la vie humaine, étant constamment à la recherche de plans fantastiques de bien-être social. Car les Gentils ne se sont pas aperçus que leurs plans, au lieu d'améliorer les rapports des hommes entre eux, n'ont servi qu'à les rendre de plus en plus mauvais. Cependant, ces rapports mutuels sont la base même de l'existence humaine. Toute la force de nos principes et des mesures que nous prendrons pour les appliquer consistera en ce que nous les interpréterons en les mettant en contraste lumineux avec le régime tombé des anciennes conditions sociales.

Notre religion et ses mystères.

Nos philosophes exposeront tous les désavantages des religions des Gentils, mais personne ne jugera jamais notre religion de son vrai point de vue, parce que personne n'en aura jamais une connaissance complète, à part les nôtres, qui ne se hasarderont, dans aucun cas, à en dévoiler les mystères.

Littérature malsaine et littérature de l'avenir.

Dans les pays soi-disant dirigeants, nous avons fait circuler une littérature malsaine, ordurière et dégoûtante. Nous continuerons à laisser prévaloir cette littérature pendant un court espace de temps, après l'établissement de notre gouvernement, afin qu'elle fasse ressortir d'une manière plus frappante le contraste des enseignements que nous donnerons du pinacle où nous serons élevés. Nos savants, instruits tout exprès pour diriger les Gentils, feront des discours, tireront des plans, ébaucheront des mots et écriront des articles au moyen desquels nous influencerons les esprits, les inclinant vers la science et les idées qui nous conviendront.

QUINZIÈME PROTOCOLE

Organiser la révolution mondiale.

Quand nous aurons obtenu le pouvoir, par des coups d'État préparés par nous, de façon à ce qu'ils se produisent simultanément dans tous les pays, et aussitôt après que les gouvernements respectifs de ces derniers auront été officiellement proclamés incapables de gouverner le peuple — il pourra s'écouler un temps considérable, tout un siècle peut-être — nous ferons tous nos efforts pour empêcher les conspirations de se tramer contre nous.

La terreur n'épargnera pas les sociétés secrètes.

Pour atteindre ce but, nous emploierons l'impitoyable moyen des exécutions contre tous ceux qui pourraient prendre les armes contre l'établissement de notre pouvoir.

L'institution d'une nouvelle société secrète quelconque tombera aussi sous le coup de la peine de mort ; quant aux sociétés secrètes qui existent actuellement et qui nous sont connues, celles qui servent et ont servi notre cause, nous les dissoudrons et enverrons leurs membres en exil au bout du monde.

Ce qui attend les francs-maçons non juifs.

C'est de cette manière que nous agirons avec les francs-maçons Gentils qui pourraient en savoir plus long qu'il ne nous convient. Nous tiendrons dans une perpétuelle crainte de l'exil tels francs-maçons auxquels, pour une raison quelconque, nous ferions miséricorde. Nous ferons passer une loi qui condamnera tous les anciens membres des sociétés secrètes à être exilés d'Europe, où sera le centre de notre gouvernement.

Les décisions de notre gouvernement seront irrévocables et nul n'aura le droit d'en appeler.

Terreur et autocratie.

Pour mettre sous la botte la société des Gentils, dans laquelle nous avons si profondément enraciné la discorde et les dogmes de la religion protestante, des mesures impitoyables devront être introduites. De telles mesures montreront aux nations que notre puissance ne peut être bravée. Nous ne devons tenir aucun compte des nombreuses victimes qui devront être sacrifiées afin d'obtenir la prospérité future.

Obtenir la prospérité, même au moyen de nombreux sacrifices, est le devoir d'un gouvernement qui comprend que les conditions de son existence ne consistent pas seulement dans les privilèges dont il jouit, mais aussi dans la pratique de son devoir.

Fortifier le prestige de son pouvoir est la condition principale de sa stabilité, et ce prestige ne peut s'obtenir que par une puissance majestueuse et inébranlable qui se montrerait inviolable et entourée d'un pouvoir mystique, par exemple, le pouvoir décrété par Dieu.

Telle fut, jusqu'à nos jours, l'autocratie russe, notre seule ennemie dangereuse, si nous ne comptons pas le Saint-Siège. Rappelez-vous le temps où l'Italie était inondée de sang ; elle ne toucha pas un cheveu de la tête de Sylla, bien que ce fût lui qui fit couler son sang.

Grâce à sa force de caractère, Sylla devint un dieu aux yeux du peuple, et son audacieux retour en Italie le rendit inviolable. La populace ne touchera pas celui qui l'hypnotise par son courage et sa force d'âme.

De l'utilisé des Loges.

Tant que nous n'aurons pas atteint le pouvoir, nous tâcherons de créer et de multiplier les Loges de francs-maçons dans toutes les parties du monde. Nous attirerons dans ces Loges tous ceux qui peuvent revêtir la mentalité publique ou qui en sont déjà revêtus, car ces Loges seront les principaux lieux où nous recueillerons nos renseignements en même temps qu'elles seront des centres de propagande.

La direction des Loges aux mains des Juifs.

Nous centraliserons toutes ces Loges sous une direction unique, connue de nous seuls et constituée par nos Sages. Ces Loges auront également leurs propres représentants, afin de masquer les véritables dirigeants. Et ces dirigeants auront seuls le droit de désigner les orateurs et de tracer l'ordre du jour. Dans ces Loges, nous resserrerons les liens de toutes les classes socialistes et révolutionnaires de la société. Les plans politiques les plus secrets nous seront connus, et, dès qu'ils seront formés, nous en dirigerons l'exécution.

L'espionnage, arme juive.

Presque tous les agents de la police internationale et secrète seront des membres de nos Loges.

Les services de la police sont d'une extrême importance pour nous, car ils peuvent masquer nos entreprises, inventer des explications plausibles du mécontentement des masses, aussi bien que punir ceux qui refusent de se soumettre.

Les Juifs, seuls maîtres des sociétés secrètes.

La plupart de ceux qui entrent dans les sociétés secrètes sont des aventuriers qui, pour une raison ou pour une autre, veulent se frayer un chemin dans la vie et qui ne sont point d'esprit sérieux.

Avec de tels hommes, il nous sera facile de poursuivre notre but et nous leur ferons mettre notre machine en mouvement.

Si le monde entier en est bouleversé, c'est qu'il nous était nécessaire de le bouleverser ainsi, afin de détruire sa trop grande solidité. Si, au milieu de ce bouleversement, éclatent des conspirations, cela voudra dire que l'un de nos plus fidèles agents est à la tête desdites conspirations. Il est bien naturel que nous soyons le seul peuple à diriger les entreprises maçonniques. Nous sommes le seul peuple qui sache les conduire. Nous connaissons le but final de toute action, tandis que les Gentils ignorent la plupart des choses concernant la maçonnerie et ne peuvent même pas voir les résultats immédiats de ce qu'ils font. Généralement, ils ne pensent qu'aux avantages immédiats du moment et sont contents si leur orgueil est satisfait par l'accomplissement de leurs intentions, et ils ne perçoivent pas que l'idée originale ne leur revient pas, mais fut inspirée par nous.

L'arrivisme des Goïm.

Les Gentils fréquentent les Loges maçonniques par pure curiosité, ou dans l'espoir de recevoir leur part des avantages qu'elles procurent ; et quelques-uns d'entre eux, afin de pouvoir discuter leurs idées idiotes devant un auditoire. Les Gentils sont à l'affût des émotions que donnent le succès et les applaudissements ; nous les leur distribuons sans compter. C'est pourquoi nous les laissons remporter leurs succès et tournons à notre avantage les hommes possédés par la vanité et qui s'assimilent inconsciemment nos idées, convaincus de leur propre infaillibilité et persuadés qu'eux seuls ont des idées et ne sont pas soumis à l'influence d'autrui.

Vous ne vous doutez pas combien il est facile d'amener le plus intelligent des Gentils à un degré ridicule de naïveté, en flattant sa vanité, et, d'autre part, combien il est facile de le décourager par le plus petit échec, ou simplement en cessant de l'applaudir ; on le réduit ainsi à un état de sujétion servile par la perspective de quelque nouveau succès. Autant les nôtres méprisent le succès et sont seulement anxieux de voir leurs plans réussir, autant les Gentils aiment le succès et, pour son amour, sont prêts à lui sacrifier la réussite de tous leurs plans. Ce trait caractéristique des Gentils nous permet de faire aisément d'eux ce que nous voulons. Ceux qui paraissent être des tigres sont aussi stupides que des moutons et leurs têtes sont pleines de vide.

Nous les laisserons donc chevaucher, dans leurs rêves, sur le coursier des vains espoirs de détruire l'individualité humaine par des idées symboliques de collectivisme.

Ineptie du collectivisme.

Ils n'ont pas encore compris et ne comprendront jamais que ce rêve fou est contraire à la loi fondamentale de la nature, qui, depuis le commencement du monde, créa les êtres différents les uns des autres, afin de donner à chacun son individualité.

Le fait que nous avons été capables d'amener les Gentils à une idée aussi erronée ne prouve-t-il pas, avec une clarté frappante, quelle conception étroite, en comparaison de la nôtre, ils se font de la vie humaine ? Là réside notre plus grand espoir de succès.

Massacres pour la cause.

Combien clairvoyants étaient nos anciens Sages lorsqu'ils nous disaient que, pour atteindre un but réellement grand, nous ne devions pas nous arrêter devant les moyens, ni compter le nombre des victimes devant être sacrifiées à la réalisation de la cause ! Nous n'avons jamais compté les victimes de la race de ces brutes de Gentils, et, bien que nous ayons dû sacrifier un assez grand nombre des nôtres, nous avons déjà donné à notre peuple une situation dans le monde telle qu'il ne l'eût jamais rêvée. Un nombre relativement restreint de victimes de notre côté a sauvé notre nation de la destruction.

Les francs-maçons doivent payer.

Tout homme doit inévitablement finir par la mort. Il vaut mieux hâter cette fin pour ceux qui entravent le progrès de notre cause, plutôt que pour ceux qui la font avancer. Nous mettons à mort les francs-maçons de telle manière que nul, en dehors de la Fraternité, n'en peut avoir le moindre soupçon. Les victimes elles-mêmes ne peuvent s'en douter à l'avance. Toutes meurent, quand il est nécessaire, d'une mort apparemment naturelle. Connaissant ces faits, la Fraternité n'ose protester contre ces exécutions.

Par ces moyens, nous avons coupé à sa racine même toute protestation contre nos ordres pour autant que les francs-maçons eux-mêmes sont en jeu. Nous prêchons le libéralisme aux Gentils, mais, d'autre part, nous tenons notre propre nation dans une entière sujétion.

La vérité sur les lois et la puissance des Gentils.

Sous notre influence, les lois des Gentils furent obéies aussi peu que possible. Le prestige de leurs lois a été miné par nos idées libérales que nous avons introduites parmi eux. Les questions les plus importantes, aussi bien politiques que morales, sont résolues, par les Cours de Justice, de la manière que nous leur prescrivons. L'administrateur de la Justice des Gentils envisage ces questions à la lumière qu'il nous plaît de les lui présenter. Nous y parviendrons grâce à nos agents et à des hommes avec lesquels nous paraissons n'avoir aucune relation : opinions de la presse et autres moyens ; même des sénateurs, et d'autres personnages officiels, suivent aveuglément nos avis.

Le cerveau du Gentil, étant d'un caractère purement bestial, est incapable d'analyser et d'observer quoi que ce soit, et, plus encore, de prévoir les conséquences que peut avoir un cas présenté sous un certain jour.

Notre mission.

C'est, précisément, dans cette différence de mentalité entre les Gentils et nous-mêmes que nous pouvons aisément voir le signe de notre élection par Dieu et de notre nature surhumaine ; il nous suffit de la comparer au cerveau instinctivement bestial des Gentils. Ils ne font que voir les faits, mais ne les prévoient pas, et sont incapables d'inventer quoi que ce soit, à l'exception, peut-être, de choses matérielles. De tout cela, il ressort clairement que la nature elle-même nous a destinés à conduire et à gouverner le monde.

Nos lois seront courtes et claires.

Quand l'heure viendra pour nous de gouverner ouvertement, le moment sera venu aussi de montrer la douceur de notre régime et d'amender toutes les lois. Nos lois seront brèves et concises, ne demandant aucune interprétation ; tout le monde pourra les connaître dans leurs moindres détails.

Obéissance absolue.

Leur trait essentiel sera d'exiger l'obéissance absolue à l'autorité, et ce respect de l'autorité sera porté à ses limites extrêmes. Alors cessera tout abus de pouvoir.

Châtiments impitoyables contre les abus de pouvoir. — Chacun sera responsable devant l'unique pouvoir suprême, nommément celui du souverain.

L'abus de pouvoir, de la part de qui que ce soit, exception faite pour le souverain, sera si sévèrement puni qu'on perdra l'envie d'essayer sa force à cet égard.

Nous surveillerons attentivement chacune des décisions prises par notre Corps administratif, d'où dépendra le travail de la machine départementale, parce que si l'administration se relâche le désordre surgira partout. Pas un seul acte illégal, pas un seul abus de pouvoir ne restera impuni.

Tous les actes de dissimulation ou de négligence volontaire de la part des agents de l'administration disparaîtront dès qu'on aura vu les premiers exemples de châtiment.

Le prestige de notre puissance exigera que des châtiments convenables soient infligés, c'est-à-dire qu'ils soient durs, même dans le cas de la plus insignifiante atteinte portée à ce prestige, en vue d'un gain personnel. L'homme qui, par une peine même trop sévère, expie son crime sera comme le soldat mourant sur le champ de bataille de l'administration pour la cause de l'autorité, des principes et de la loi ; cause qui n'admet aucune déviation de la voie commune en faveur d'intérêts personnels, même pour ceux qui conduisent le char de l'État. Ainsi, nos juges sauront que, en essayant de montrer leur indulgence, ils violent la loi de la justice faite pour imposer un châtiment exemplaire, en raison des fautes commises, et non pour permettre au juge de montrer sa clémence. Cette heureuse qualité ne devra s'exercer que dans la vie privée et non dans l'exercice officiel des fonctions de juge, sans quoi la portée éducatrice de la vie politique perd toute son efficacité.

S'assurer la docilité des juges.

Les magistrats, à cinquante-cinq ans, cesseront toutes fonctions pour les raisons suivantes :

1. Parce que des hommes âgés s'attachent plus fortement à des idées préconçues et sont moins capables d'obéir à des ordres nouveaux ;
2. Parce qu'une telle mesure nous permettra d'opérer de fréquents changements dans la magistrature qui, ainsi, sera docilement soumise à toute pression de notre part. Tout homme désirant conserver son poste devra, pour se l'assurer, nous obéir aveuglément.

Pas de juges et de fonctionnaires libéraux.

En général, nos juges seront choisis parmi ceux qui comprennent que leur devoir est de punir et d'appliquer les lois et non de s'attarder à des rêves de libéralisme qui pourraient porter atteinte à notre plan d'éducation, comme c'est le cas pour les juges Gentils actuels. Notre système de renouveler les magistrats nous aidera, en outre, à détruire toutes les combinaisons qu'ils pourraient former entre eux ; aussi travailleront-ils uniquement dans l'intérêt du gouvernement dont leur sort dépendra. La génération future des juges sera formée de manière à empêcher, instinctivement, toute action qui pourrait entamer les relations existantes de nos sujets entre eux.

Actuellement, les juges des Gentils sont indulgents pour tous les genres de crimes, car ils ne se font pas une idée exacte de leur devoir, pour cette simple raison que les gouvernants, lorsqu'ils nomment les juges, ne leur inculquent pas cette idée.

Les gouvernants des Gentils, lorsqu'ils nomment leurs sujets à des postes élevés, ne se soucient pas de leur en expliquer l'importance et de leur faire comprendre dans quel but les postes en question ont été créés ; ils agissent comme les animaux lorsque ceux-ci envoient leurs petits à la recherche d'une proie. Ainsi les gouvernements des Gentils sont ruinés par leurs propres serviteurs. Nous tirerons une morale de plus des résultats du système adopté par les

Gentils ; elle nous servira à édifier notre gouvernement.

Nous déracinerons toute tendance libérale de chacune des institutions de propagande importantes dans notre gouvernement, institutions dont peut dépendre la formation de tous ceux qui seront nos sujets. Ces postes importants seront exclusivement réservés à ceux qui furent spécialement formés par nous pour l'administration.

Tout l'or du monde entre nos mains.

Observera-t-on que de retraiter prématurément nos fonctionnaires serait trop dispendieux pour notre gouvernement, je répondrai alors que, tout d'abord, nous essayerons de découvrir pour de tels fonctionnaires une occupation privée propre à compenser pour eux la perte de leur emploi, ou que, d'ailleurs, notre gouvernement étant alors en possession de tout l'argent du monde, les dépenses ne seront pas à considérer.

Notre autocratie sera logique dans tous ses actes ; aussi toute décision prise par le bon plaisir de notre gouvernement sera toujours traitée avec respect et obéie sans condition.

Despotisme absolu.

Nous ne tiendrons aucun compte des murmures et des mécontentements, et nous punirons tout indice de mauvaise humeur si sévèrement, que chacun tirera de là un exemple applicable à soi-même.

Suppression du droit d'appel.

Nous supprimerons le droit d'appel et le réserverons à notre seul usage, parce que nous ne devons pas laisser se développer parmi le peuple l'idée que nos juges sont capables de se tromper dans leurs décisions.

Au cas où un jugement exigerait la révision, nous déposerions immédiatement le juge en question, et le châtierions publiquement, afin qu'une telle erreur ne se reproduisît pas.

Je répète ce que j'ai déjà dit : l'un de nos principes les plus importants sera de surveiller nos fonctionnaires administratifs, et ceci dans le but exprès de satisfaire la nation, parce qu'elle peut, de plein droit, exiger qu'un gouvernement ait de bons fonctionnaires.

Sous des apparences patriarcales.

Notre gouvernement aura l'apparence d'une mission patriarcale dévolue à la personne de notre souverain. Notre nation et nos sujets le regarderont comme un père qui prend soin de satisfaire tous leurs besoins, de surveiller tous leurs actes et de régler les relations de ses sujets les uns avec les autres, aussi bien que leurs relations avec le gouvernement.

Le roi juif du monde.

Ainsi le sentiment de respect envers le souverain pénétrera si profondément dans la nation qu'elle ne pourra plus se passer de sa sollicitude et de sa direction. Elle ne pourra vivre en paix sans lui et, finalement, le reconnaître comme son maître absolu.

Le peuple aura pour lui un sentiment de respect si profond qu'il sera proche de l'adoration, spécialement lorsqu'il se convaincra que ses fonctionnaires exécutent aveuglément ses ordres et que, seul, il règne sur eux. Ils se réjouiront de nous voir organiser leurs vies comme si nous étions des parents désireux d'inculquer à leurs enfants un vif sentiment du devoir et de l'obéissance.

Sacrifier les individus.

En ce qui concerne notre politique secrète, toutes les nations sont des enfants comme le sont leurs gouvernements. Ainsi que vous pouvez le voir vous-mêmes, je fonde notre despotisme sur le Droit et le Devoir. Le droit du gouvernement d'exiger que le peuple remplisse son devoir est, en lui-même, une obligation du souverain qui est le père de ses sujets. Le droit de la force lui est accordé, afin qu'il conduise l'humanité dans la direction voulue par les lois de la nature, c'est-à-dire vers l'obéissance.

Toute créature en ce monde est en sujétion, soumise tantôt à un homme, tantôt aux circonstances, tantôt à sa propre nature, en tous les cas à quelque chose de plus puissant qu'elle-même. Soyons donc les plus puissants dans l'intérêt de la cause commune.

Nous devons, sans hésitation, sacrifier les individus qui auraient violé l'ordre existant, parce qu'un châtiment exemplaire est la solution du grand problème de l'éducation.

Notre roi, patriarche du monde.

Le jour où le roi d'Israël posera sur sa tête sacrée la couronne que lui offrira l'Europe entière, il deviendra le Patriarche du monde.

Le nombre des victimes qui devront être sacrifiées par notre roi n'excédera jamais le nombre de celles qui ont été immolées par les souverains Gentils dans leur poursuite de la grandeur et dans leurs rivalités.

Notre souverain sera en communication constante avec le peuple ; il lui adressera, du haut des tribunes, des discours qui seront immédiatement transmis au monde entier.

Seizième protocole

L'enseignement.

En vue de détruire toute espèce d'entreprise collective autre que la nôtre, nous annihilerons toute œuvre collective dès sa naissance ; en d'autres termes, nous transformerons les universités et les reconstruirons sur de nouveaux plans.

Les chefs et les professeurs des universités seront spécialement préparés au moyen de programmes d'action perfectionnés et secrets, dont ils seront instruits et ne pourront s'écarter sans châtiment. Ils seront désignés avec soin et dépendront entièrement du gouvernement. De notre programme, nous exclurons tout l'enseignement de la loi civile, comme celui de tout autre sujet politique. A un petit nombre d'hommes, choisis parmi les initiés pour leurs capacités évidentes, seront dévoilées ces sciences. Les universités n'auront pas le droit de lancer dans le monde des blancs-becs regardant les nouvelles réformes constitutionnelles comme si elles étaient des comédies ou des tragédies, ou se préoccupant de la question politique que leurs pères eux-mêmes ne comprennent pas.

Une mauvaise connaissance de la politique pour une foule de gens est la source d'idées utopiques, et en fait de mauvais citoyens. Vous pouvez vous en rendre compte vous-mêmes d'après le système d'éducation des Gentils. Nous y avions introduit tous ces principes afin de pouvoir, avec succès, détruire leur structure sociale, ainsi que nous y sommes parvenus. Lorsque nous serons au pouvoir, nous supprimerons des programmes d'éducation tous les sujets qui pourraient troubler le cerveau de la jeunesse ; nous en ferons des enfants désobéissants, aimant leur maître et reconnaissant dans sa personne le pilier principal de la paix et du bien public.

Aux classiques et à l'étude de l'histoire ancienne, qui contiennent plus de mauvais exemples que de bons, nous substituerons l'étude des problèmes de l'avenir. Nous effacerons de la mémoire humaine le passé qui pourrait nous être défavorable, ne laissant subsister que les faits où s'affirment indubitablement les erreurs des gouvernements Gentils. Les sujets traitant des questions de la vie pratique, de l'organisation sociale et des relations des hommes entre eux, comme aussi des conférences contre les exemples mauvais et égoïstes, qui sont corrupteurs et font du mal, et d'autres questions semblables où le raisonnement n'intervient pas, seront au premier plan de notre système d'éducation. Ces programmes seront spécialement tracés pour les classes et les castes différentes, dont l'éducation sera tenue strictement séparée.

Il est de la plus haute importance d'insister sur ce système spécial.

Des écoles pour chaque caste.

Chaque classe ou caste sera instruite séparément, suivant sa situation particulière et son travail. Un génie a toujours su et saura toujours comment pénétrer dans une caste plus élevée, mais à part ce cas tout à fait exceptionnel, il n'est pas utile de mélanger l'éducation des différentes castes et d'admettre à des rangs supérieurs des hommes qui prendraient la place de ceux qui sont nés pour les occuper. Vous savez vous-mêmes combien il fut désastreux pour les Gentils d'émettre l'idée absolument idiote que nulle différence ne doit être faite envers les classes sociales.

L'école au service de notre souverain.

Afin que le souverain s'assure une place solide dans le cœur de ses sujets, il est nécessaire que, durant son règne, on enseigne à la nation, aussi bien dans les écoles que dans les lieux publics, l'importance de son activité et les bonnes intentions de ses entreprises.

Plus de liberté d'enseignement.

Nous abolirons toute espèce d'éducation privée. Les

jours de congé, les étudiants et leurs parents auront le droit de se réunir dans leurs collèges, comme si ceux-ci étaient des clubs. A ces réunions, les professeurs prononceront des discours, qui passeront pour des conférences libres, sur des sujets tels que les rapports des hommes entre eux, les lois et les malentendus qui sont généralement le résultat d'une fausse conception de la situation sociale des hommes, et, finalement, ils exposeront les nouvelles théories philosophiques qui n'ont pas encore été révélées au monde.

Nos théories seront des dogmes de foi.

De ces théories, nous ferons des dogmes de foi, nous en servant comme d'un marchepied pour notre foi.

Quand j'aurai fini de vous exposer tout mon programme et quand nous aurons discuté tous nos plans pour le présent et pour l'avenir, je vous lirai le plan de cette nouvelle doctrine philosophique.

Liberté de pensée.

Nous savons, par l'expérience de plusieurs siècles, que les hommes vivent et sont guidés par des idées, et qu'ils sont influencés par ces idées grâce à l'éducation ; celle-ci peut leur être donnée à tout âge avec le même résultat, mais naturellement, par des moyens différents. Par une éducation systématique, nous nous chargerons de faire disparaître tout ce qui pourrait rester de cette indépendance de la pensée, dont nous nous sommes si largement servis, depuis un certain temps, pour aboutir à nos fins.

L'enseignement intuitif.

Nous avons déjà établi un plan pour subjuguer les esprits, au moyen de l'enseignement intuitif (l'enseignement par les yeux), auquel on attribue la propriété de rendre les Gentils incapables de penser par eux-mêmes ; en sorte que, tels des animaux obéissants, ils attendent la démonstration d'une idée avant de chercher à la saisir. L'un de nos meilleurs agents, en France, est Bouroy [Les traductions allemande, américaine et polonaise donnent : Bourgeois.] ; il a déjà introduit dans ce pays le nouveau système de l'éducation intuitive.

Dix-septième protocole

Enchaîner les avocats

La profession de légiste rend ceux qui l'exercent froids, cruels et obstinés ; elle leur enlève tout principe et les oblige à voir la vie sous un aspect inhumain, mais purement légal. Ils ont pris l'habitude de considérer les événements au seul point de vue de savoir ce qu'il y a à gagner en les défendant, au lieu de considérer quel serait l'effet de cette défense sur le bien-être général.

Un praticien ne refuse jamais de défendre un cas, quel qu'il soit. Il s'efforcera d'obtenir l'acquittement, à n'importe quel prix, en s'attachant à de petits détours de la jurisprudence, pour démoraliser la Cour.

Nous limiterons donc le champ d'action de cette profession en mettant les avocats sur le même pied que les magistrats chargés de faire exécuter la loi. Les avocats, comme les juges, n'auront pas le droit d'interviewer leurs clients et ne recevront leurs dossiers que lorsque lesdits clients leur auront été assignés par le tribunal ; ils n'étudieront ces dossiers que sur des rapports et des documents, et ils ne défendront leurs clients qu'après qu'ils auront été examinés par le tribunal, appuyant leur défense sur ce premier examen. Leurs honoraires seront fixes, sans égard au succès ou à l'insuccès de leur défense. Ils deviendront ainsi de simples rapporteurs au service de la défense, faisant contrepoids au plaignant qui sera un rapporteur pour le compte de l'accusation.

La procédure légale se trouvera ainsi considérablement abrégée. Par ce moyen nous obtiendrons aussi une défense honnête et impartiale, que ne guideront pas les intérêts matériels, mais l'intime conviction de l'avocat. Ceci aura encore l'avantage d'empêcher tout pot-de-vin ou corruption qui peuvent actuellement se glisser dans les tribunaux de quelques pays.

Le clergé non juif

Nous avons pris grand soin de discréditer le clergé des Gentils aux yeux du peuple, et nous avons ainsi réussi à nuire à sa mission qui aurait pu contrarier gravement nos desseins. L'influence du clergé sur le peuple diminue chaque jour.

La liberté de conscience

Aujourd'hui, la liberté religieuse est reconnue partout, et nous ne sommes éloignés que de quelques années du temps où le christianisme s'effondrera de toutes pièces. Il sera plus facile encore d'en finir avec les autres religions, mais il est trop tôt pour discuter sur ce point.

Nous réduirons le clergé et ses enseignements à un rôle si infime, et nous rendrons son influence si antipathique au peuple, que ses enseignements auront un effet contraire à celui qu'ils avaient jadis.

Contre le Vatican

Quand le moment sera venu pour nous de détruire complètement la Cour pontificale, une main inconnue indiquant le Vatican donnera le signal de l'assaut.

Lorsque, dans sa fureur, le peuple se jettera sur le Vatican, nous apparaîtrons comme des protecteurs pour arrêter l'effusion du sang. Par cet acte, nous pénétrerons jusqu'au cœur même de cette Cour pontificale, d'où rien au monde ne pourra nous chasser, jusqu'à ce que nous ayons détruit la puissance du Pape.

Le roi des Juifs, pape de l'Église universelle

Le roi d'Israël deviendra le vrai Pape de l'univers, le Patriarche de l'Église internationale.

Mais, jusqu'à ce que nous ayons réussi à faire la rééducation de la jeunesse, au moyen de nouvelles religions transitoires, pour aboutir à la nôtre propre, nous n'attaquerons pas ouvertement le églises existantes, mais nous les combattrons par la critique qui a déjà répandu des dissensions parmi elles et qui continuera à le faire.

Les buts de la presse juive

D'une manière générale, notre presse dénoncera les gouvernements, les institutions des Gentils, religieuses ou autres, par toutes sortes d'articles peu scrupuleux, écrits dans l'intention de les discréditer à un point tel que, seule, notre sage nation est capable d'atteindre.

La police.

Notre gouvernement ressemblera au dieu hindou Vishnou. Chacune de nos cent mains détiendra un ressort du mécanisme social de l'État.

Nous saurons tout sans avoir recours à l'aide de la police officielle, que nous avons tellement corrompue pour nuire aux Gentils, qu'elle ne sert qu'à empêcher le gouvernement de voir les faits clairement. D'après notre programme, un tiers de la population sera amené à surveiller le reste, par pur sentiment du devoir, et pour obéir au principe du service volontaire rendu au gouvernement.

Il n'y aura rien de déshonorant alors d'être un espion ; au contraire, ce sera regardé comme honorable. D'autre part, les porteurs de fausses nouvelles seront sévèrement punis, pour empêcher l'abus du privilège de l'espionnage.

Nous choisirons nos agents dans les hautes et dans les basses classes de la société ; nous en prendrons parmi les administrations, les éditeurs, les imprimeurs, les libraires, les employés, les ouvriers, les cochers, les valets de pied, etc. Cette force policière n'aura aucune puissance d'action indépendante et n'aura le droit de prendre aucune mesure de son propre chef ; par conséquent, le devoir de cette impuissante police consistera uniquement à servir de témoin et à faire des rapports. La vérification de ces rapports et de ces arrestations éventuelles sera l'affaire d'un groupe d'inspecteurs de police responsables ; les arrestations seront effectuées par des gendarmes et par la police municipale. Si un délit ou un crime politique ne sont pas rapportés, celui qui aurait dû les signaler sera puni pour avoir volontairement caché ce crime ou ce délit, si l'on peut prouver la dissimulation.

Le Kahal.

Nos frères sont tenus d'agir de la même manière, c'est-à-dire devront, de leur propre initiative, dénoncer à l'autorité compétente tous les apostats et tous les faits qui seraient contraires à notre loi. Dans notre gouvernement universel, ce sera donc un devoir, pour tous les sujets, de servir leur souverain en agissant comme je viens de le dire.

Pour corrompre les institutions des Gentils.

Une organisation comme la nôtre déracinera tous les abus de pouvoir et tous les genres si variés de vénalité et de corruption ; elle détruira, en réalité, toutes les idées dont nous avons contaminé la vie des Gentils par nos théories sur les droits surhumains.

Comment pourrions-nous atteindre notre but de créer le désordre dans les institutions administratives des Gentils sinon par de tels moyens ?

Parmi les plus importants de ces moyens de corrompre leurs institutions, il faut compter l'emploi des agents qui sont susceptibles, étant donné leur activité destructive, de contaminer les autres en leur révélant et leur développant leurs tendances corrompues, comme l'abus de pouvoir ou l'achat sans pudeur des consciences.

Dix-huitième protocole

Mise en vigueur du système soviétique.

Quand viendra pour nous le moment de prendre des mesures spéciales en mettant en vigueur le système russe actuel de l'«Okhrana» (le poison le plus dangereux qui puisse attaquer le prestige de l'État), nous soulèverons, grâce au concours de bons orateurs, des désordres fictifs parmi le peuple, ou nous l'exciterons à manifester un mécontentement prolongé. Ces orateurs rencontreront beaucoup de sympathies, et, grâce à eux encore, on nous excusera de perquisitionner chez les gens et de les soumettre à certaines restrictions, employant pour cela les serviteurs que nous avons dans la police des Gentils.

Mesures à prendre contre les conspirateurs.

Comme la plupart des conspirateurs le sont par amour de l'art, ou par celui de bavarder, nous n'y toucherons pas, jusqu'au moment où nous verrons qu'ils sont prêts d'agir, et nous nous bornerons à introduire parmi eux ce que nous appellerons un élément de délation. Il faut se rappeler qu'une puissance perd de son prestige chaque fois qu'elle découvre une conspiration publique dirigée contre elle-même. Il y a dans une telle révélation un aveu de faiblesse, et, ce qui est plus dangereux encore, l'aveu de ses propres erreurs. Il faut qu'on sache que nous avons détruit le prestige des Gentils régnants au moyen d'un nombre considérable de meurtres secrets préparés par nos agents, moutons aveugles de notre bergerie, qu'on persuade facilement de commettre un crime, si ce crime revêt un caractère politique.

Nous obligerons les gouvernements à convenir de leurs propres faiblesses en employant ouvertement des mesures de police spéciales, comme l' « Okhrana », et nous ébranlerons ainsi le prestige de leur puissance.

Surveillance du roi des Juifs.

Notre souverain sera protégé par des gardes absolument secrètes, car jamais nous ne permettrons qu'on puisse penser qu'il est incapable de détruire à lui tout seul une conspiration quelconque ourdie contre lui et qui l'oblige à se cacher. Si nous laissions prévaloir une telle idée, comme elle prévaut parmi les Gentils, nous signerions, par le fait même, l'arrêt de mort de notre souverain, ou du moins celui de sa dynastie.

A s'en tenir aux seules apparences, notre chef n'emploiera sa puissance que dans l'intérêt de ses sujets et jamais pour son propre bien ou celui de sa dynastie.

En adoptant scrupuleusement cette mise en scène, ses sujets eux-mêmes honoreront et protégeront son pouvoir qu'ils vénéreront, sachant que le salut de l'État est attaché à l'existence d'un tel pouvoir dont dépendra l'ordre public.

Garder le roi ouvertement serait

admettre la faiblesse de son pouvoir. — Notre chef sera toujours au milieu de son peuple ; on le verra entouré d'une foule curieuse d'hommes et de femmes qui occuperont toujours, comme par hasard, les rangs les plus rapprochés de lui et qui tiendront à distance la populace sans autre but apparent que celui de maintenir l'ordre pour l'amour de l'ordre. Cette attitude apprendra aux autres à savoir se posséder. Lorsqu'un pétitionnaire essayera de se frayer un passage à travers la foule pour présenter sa demande, les gens des premiers rangs prendront la pétition et la remettront au souverain, en présence du pétitionnaire. Chacun saura ainsi que toutes les pétitions lui parviennent et qu'il s'occupe lui-même de toutes les affaires.

Un pouvoir n'a de prestige que si les sujets peuvent se dire entre eux : *« Si seulement le roi savait cela ! »* ou : *« Quand le roi le saura »*.

Le mystère qui entoure la personne du souverain s'évanouit aussitôt qu'on voit une garde de police autour de lui. Devant une telle garde, un assassin n'a besoin que d'un peu d'audace pour se croire plus fort qu'elle ; il prend ainsi conscience de sa force et n'a plus qu'à guetter le moment favorable pour se lancer contre le roi.

Nous ne prêchons pas cette doctrine aux Gentils, et vous pouvez voir vous-mêmes les résultats qu'ils ont obtenus avec les gardes officielles.

Un simple soupçon doit suffire.

Notre gouvernement arrêtera ceux qu'à tort ou à raison il soupçonnera coupables de crimes politiques. Il serait regrettable que, dans la crainte de commettre une erreur judiciaire, on donnât à de tels criminels l'occasion d'échapper. Nous ne leur témoignerons, certes, aucune pitié. Il sera peut-être possible, dans certains cas exceptionnels, d'admettre des circonstances atténuantes, lorsqu'il s'agira de crimes de droit commun ; mais il n'y aura pas d'excuse pour le crime politique, c'est-à-dire pour des gens mêlés à la politique que, seuls, les gouvernants ont le droit de comprendre. Et, à dire vrai, tous les souverains ne sont pas aptes à comprendre la vraie politique.

Dix-neuvième protocole

Pétitions et propositions.

Nous interdirons aux individus de se mêler de politique ; mais, d'autre part, nous encouragerons toute espèce de rapport ou de pétition concernant l'amélioration de la vie sociale et nationale, soumis à l'approbation du gouvernement. Car, par ce moyen nous serions tenus au courant des erreurs de notre gouvernement, d'une part, et des idéals de nos sujets, de l'autre. Aux demandes qui seraient ainsi présentées, nous répondrions, soit en les acceptant, soit en faisant valoir contre elles un argument frappant, pour bien prouver que leur réalisation est impossible, parce qu'elles reposent sur une mesquine conception des affaires.

Répression des troubles et des émeutes.

On pourrait comparer les effets de la sédition à ceux que produisent, sur l'éléphant, les aboiements d'un roquet. Si le gouvernement est bien organisé, non pas au point de vue de sa police, mais à un point de vue social, le chien aboie sans se rendre compte de la force de l'éléphant ; mais que celui-ci montre une bonne fois sa force, et le chien se taira sur l'heure et il agitera sa queue dès qu'il apercevra l'éléphant.

Déshonorer les criminels politiques.

Pour enlever au crime politique son auréole de bravoure nous placerons ceux qui l'auront commis au rang des autres criminels ; ils iront de pair avec les voleurs, les assassins et autres malfaiteurs du même genre odieux. L'opinion publique ne fera plus alors de différence entre les crimes politiques et les crimes vulgaires et les chargera d'égal opprobre.

Nous avons fait tous nos efforts pour empêcher les Gentils d'adopter cette méthode particulière de traiter les crimes politiques. Nous avons employé pour cela la presse, le public, la parole et des manuels classiques d'histoire habilement conçus. Nous avons inspiré l'idée qu'un condamné pour crime politique était un martyr, puisqu'il mourait pour l'idée du bien commun. Une telle réclame a multiplié le nombre des libéraux et grossi les rangs de nos agents de milliers de Gentils.

Vingtième protocole

La science financière et les impôts.

Je vais traiter aujourd'hui de notre programme financier que j'ai gardé pour la fin de mon rapport parce que c'est la question la plus difficile, celle qui sera la dernière clause de nos plans. Avant de discuter ce point, je veux vous rappeler ce que j'ai déjà dit plus haut, à savoir que toute notre politique repose sur ces chiffres.

Quand nous arriverons au pouvoir, notre gouvernement autocratique évitera, dans son propre intérêt, de faire peser de trop lourds impôts sur le peuple et ne perdra jamais de vue le rôle qu'il doit jouer : celui de père protecteur.

L'impôt sur les fortunes.

Mais, comme l'organisation du gouvernement absorbera des sommes d'argent considérables, il est de toute nécessité de se procurer les fonds indispensables pour y subvenir. Il nous faudra donc employer de grandes précautions en élaborant cette question et voir que la charge des impôts soit justement répartie.

Notre souverain sera, grâce à une fiction légale, propriétaire de tous les biens, ce qui est facilement réalisable. Il pourra lever les sommes nécessaires pour régulariser la circulation de l'argent dans le pays.

Dès lors, le meilleur moyen de faire face aux dépenses du gouvernement sera l'établissement d'un impôt progressif sur la propriété. Ainsi les impôts seront couverts sans opprimer ni ruiner le peuple, et la charge qui incombera à chacun sera proportionnée à ce qu'il possédera.

Il faudra que les riches comprennent qu'il est de leur devoir de céder au gouvernement une part du surplus de leurs richesses, puisque le gouvernement leur garantit la possession paisible du reste de leurs biens et leur donne le droit de s'enrichir par des moyens honnêtes. Je dis « honnêtes » parce que le contrôle de la propriété rendra le vol impossible au point de vue légal.

Comme cette réforme sociale est la principale garantie de la paix et qu'elle ne souffre aucun délai, nous devons la mettre au premier plan de notre programme.

Chaque fois que les impôts ont pesé sur les pauvres, la révolution s'en est suivie, au grand préjudice du gouvernement qui, en essayant de tirer de l'argent des pauvres, risque fort de n'en pas obtenir des riches.

L'impôt sur le capital diminuera l'accroissement de la fortune privée à laquelle, jusqu'ici, nous avons, à dessein, permis d'augmenter, pour qu'elle soit un contrepoids au gouvernement des Gentils et à leurs finances.

Un impôt progressif, réparti suivant la fortune de chacun, produira un revenu beaucoup plus important que ne le fait le système actuel de répartition égale pour tous. Ce système nous est, en ce moment, des plus favorables ; il engendre le mécontentement parmi les Gentils (6).

La puissance de notre souverain reposera principalement sur ce fait qu'il sera la garantie de l'équilibre du pouvoir et de la paix perpétuelle du monde. Pour obtenir une telle paix, il est naturel que les capitalistes cèdent une partie de leurs revenus pour sauvegarder le gouvernement dans son action.

Les dépenses du gouvernement doivent être fournies par ceux qui peuvent le mieux les supporter et dont on peut tirer de l'argent.

Cette mesure éteindra la haine des pauvres pour les riches en qui ils reconnaîtront les auxiliaires financiers indispensables de l'État et les soutiens de la paix et du bien public ; car les classes pauvres comprendront que les riches fournissent les moyens de leur procurer les avantages sociaux.

6). Remarquer que cette conférence eut lieu en 1901. (Note du texte.)

Pour que les classes intelligentes qui, seules, payeront l'impôt, n'aient pas lieu de se plaindre outre mesure du nouveau système de répartition, nous leur soumettrons des comptes détaillés, dans lesquels nous indiquerons de quelle manière on emploie leur argent, sans qu'il soit fait mention, cela va sans dire, de ce qui sera attribué aux besoins particuliers du souverain et aux nécessités de l'administration.

Le souverain n'aura aucune propriété personnelle, puisque tout lui appartiendra dans l'État, car si l'on admettait que le souverain pût posséder une propriété privée, il semblerait que tout dans l'État ne fût pas sa propriété.

Les parents du souverain — sauf son héritier qui sera entretenu par l'État — devront servir l'État, soit comme fonctionnaires, soit dans un emploi quelconque, afin de conserver le droit de posséder ; le privilège d'être de sang royal ne leur vaudrait pas celui de vivre aux frais de l'État.

Principe de l'impôt progressif du timbre.

Il y aura un droit de timbre progressif sur toutes les ventes, les achats et les successions. Toute transaction qui ne porterait pas le timbre requis sera considérée comme illégale, et le premier propriétaire aura à payer à l'État un pourcentage sur ledit droit à compter du jour de la vente.

Toutes les reconnaissances de transactions devront être remises, chaque semaine, au contrôleur local des contributions, avec les noms et prénoms du nouveau et de l'ancien propriétaires, ainsi que leurs adresses permanentes.

Il sera nécessaire d'employer la même méthode pour toute transaction dépassant un certain chiffre, c'est-à-dire dépassant le chiffre moyen des dépenses quotidiennes. La vente des objets de première nécessité ne sera timbrée qu'avec un timbre ordinaire de valeur fixe.

Comptez seulement combien de fois le montant de cette taxe dépassera le revenu des gouvernements des Gentils.

L'argent doit circuler.

L'État devra avoir en réserve un capital donné et, au cas où le produit des impôts excéderait cette somme, le surplus des rentrées serait mis en circulation. Ce reliquat sera employé à toutes sortes de travaux publics.

La direction de tels travaux serait confiée à un ministre d'État : les intérêts des classes ouvrières seraient ainsi intimement liés à ceux de l'État et du souverain. Une partie du reliquat servirait encore à distribuer des primes aux inventeurs et aux producteurs.

Il est absolument essentiel de ne pas laisser dormir l'argent dans les banques de l'État, du moins au-delà de la somme nécessaire pour faire face à une dépense spéciale. L'argent est fait pour circuler, et toute congestion monétaire est fatale à la marche des affaires publiques ; l'argent est, en effet, comme l'huile, dans les rouages de l'État ; si l'huile devient trop épaisse, le mécanisme s'encrasse et la machine s'arrête.

Le fait d'avoir substitué, pour une large part, le papier à la monnaie courante vient de créer le malaise dont nous parlons et dont il est facile de saisir les conséquences.

Rôle de la Cour des Comptes.

Nous instituerons aussi une Cour des Comptes qui permettra au souverain de connaître exactement les dépenses et les revenus du gouvernement. Toute la comptabilité sera scrupuleusement tenue à jour — excepté pour le mois courant et celui qui précède.

La seule personne qui ne saurait avoir d'intérêt à voler l'État est le souverain, puisqu'il en est le propriétaire. C'est pourquoi son contrôle coupera court à toute possibilité de coulage et de gaspillage.

Suppression des réceptions protocolaires.

Toutes réceptions purement protocolaires, qui sont pour le souverain une telle perte de temps si précieux, seront supprimées, afin de lui laisser davantage de loisirs pour s'occuper des affaires de l'État. Dans notre gouvernement, le souverain ne sera pas entouré de courtisans, qui, en général, font la cour au monarque par amour du faste, mais qui n'ont, au fond du cœur, que leur intérêt propre et non le désir du bien public.

L'origine des crises économiques.

Nous n'avons réussi à faire éclore toutes les crises économiques, si habilement préparées par nous dans les pays des Gentils, qu'en retirant l'argent de la circulation. L'État se trouve obligé, pour ses emprunts, de faire appel aux grosses fortunes, qui sont congestionnées par le fait que l'argent a été retiré au gouvernement. Ces emprunts constituent une lourde charge pour les États qui sont obligés de payer des intérêts et qui se trouvent ainsi obérés.

La concentration de la production par le capitalisme a sucé jusquà la dernière goutte toute la force productrice, et, avec elle, toute la richesse de l'État.

La circulation de l'argent, problème vital.

L'argent ne peut, actuellement, satisfaire tous les besoins des classes ouvrières, parce qu'il n'y en a pas assez pour circuler partout.

Il faut que l'émission de la monnaie courante corresponde à l'importance de la population : et, du premier jour de leur naissance, les enfants doivent être comptés comme des unités de plus à satisfaire. La révision de la quantité de monnaie mise en circulation doit être faite de temps à autre : c'est une question vitale pour le monde entier.

Condamnation de l'étalon or.

Vous savez, je pense, que l'étalon or a été la perte de tous les États qui l'ont adopté, parce qu'il ne peut satisfaire tous les besoins des populations, d'autant plus que nous avons fait tous nos efforts pour obtenir son accaparement et le faire retirer de la circulation.

La monnaie future.

Notre gouvernement mettra en circulation la quantité de monnaie en proportion avec la force ouvrière du pays, et cette monnaie sera en papier ou même en bois.

Nous émettrons une quantité de monnaie suffisante pour que chacun de nos sujets puisse en avoir suffisamment, ajoutant à chaque naissance et diminuant à chaque décès la somme correspondante.

Les comptes du gouvernement seront tenus par des gouvernements locaux séparés et par des bureaux provinciaux.

Faites ce que je dis.

Pour qu'il ne puisse y avoir de retards dans le paiement des dépenses de l'État, le souverain lui-même donnera des ordres fixant les dates des paiements. Ainsi disparaîtra le favoritisme qui existe, dans certains ministères des finances, à l'égard d'autres ministères.

Les comptes des revenus et des dépenses seront tenus ensemble pour qu'ils puissent toujours être comparés.

Les plans que nous ferons pour réformer les institutions financières des Gentils seront présentés de telle manière qu'ils n'attireront jamais leur attention. Nous indiquerons la nécessité de réformes comme provenant de l'état de désordre auquel ont atteint les finances des Gentils. Nous montrerons que la première raison de ce mauvais état des finances provient de ce qu'au début de l'année financière on commence par faire une évaluation approximative du budget dont l'importance augmente chaque année, parce que, tel qu'il est, il suffit à peine pour aller jusqu'à la fin du premier semestre ; on propose une révision, on ouvre de nouveaux crédits, qui, généralement, sont absorbés au bout de trois mois ; on vote alors un budget supplémentaire, et, pour boucler le budget, il faut encore voter des crédits pour sa liquidation. Le budget de l'année est basé sur le chiffre des dépenses de l'année précédente ; or, il y a, chaque année, un écart de 50 % entre la somme nominale et la somme perçue, ce qui fait qu'au bout de dix ans le budget annuel a triplé. C'est à cette façon de procéder, tolérée par les gouvernements insouciants des Gentils, que leurs réserves ont été taries. Aussi, lorsque sont venus les emprunts, leurs caisses se sont vidées et ils ont été sur le point de faire banqueroute.

Vous comprendrez aisément que nous n'adopterons pas cette manière de conduire les affaires financières que nous avons conseillée aux Gentils.

Les emprunts, faiblesse de l'État.

Chaque emprunt prouve la faiblesse du gouvernement et son incapacité de comprendre ses propres droits. Tout emprunt, comme l'épée de Damoclès, est suspendu sur la tête des gouvernants, qui, au lieu de lever directement l'argent dont ils ont besoin en établissant des impôts spéciaux, s'en vont, chapeau bas, chez nos banquiers.

Les emprunts étrangers sont comme des sangsues : on ne peut les détacher du corps de l'État, il faut qu'elles tombent d'elles-mêmes, ou bien que le gouvernement réussisse à s'en débarrasser. Mais les gouvernements des Gentils n'ont aucun désir de secouer ces sangsues ; bien au contraire, ils en accroissent le nombre, se condamnant ainsi à mort par la perte de sang qu'ils s'infligent. A tout prendre, un emprunt étranger est-il autre chose qu'une sangsue ? Un emprunt est une émission de valeurs d'État qui comporte l'obligation de payer les intérêts de la somme empruntée suivant un taux donné. Si l'emprunt est émis à 5 %, au bout de vingt ans l'État aura déboursé, sans aucune nécessité, une somme égale au montant de l'emprunt, et cela pour le simple paiement des intérêts. Au bout de quarante ans, cette somme aura été déboursée deux fois, et trois fois au bout de soixante ans, l'emprunt lui-même demeurant impayé.

D'après ce calcul, il est évident que de tels emprunts, sous le régime actuel des impôts (1901), arrache ses derniers centimes au pauvre contribuable, et cela pour payer les intérêts aux capitalistes étrangers, auxquels l'État emprunte l'argent. L'État ferait bien mieux de recueillir les sommes nécessaires en levant un impôt qui ne le grèverait pas d'intérêt à payer.

Tant que les emprunts furent nationaux, les Gentils faisaient tout simplement passer l'argent des pauvres dans la poche des riches ; mais, lorsque, à force de corruption, nous eûmes acheté les agents nécessaires, les emprunts étrangers furent substitués aux emprunts nationaux, et toute la richesse des États se rua dans nos coffres, si bien que les Gentils en vinrent à nous payer une sorte de tribut.

Par leur négligence dans la conduite des affaires de l'État, ou par la vénalité de leurs ministres, ou par leur ignorance des choses financières, les souverains des Gentils ont rendu leurs pays à tel point débiteurs de nos banques qu'ils ne pourront jamais payer leurs dettes. Vous devez comprendre quelles peines nous a coûté l'établissement d'un tel état de choses.

Les futurs emprunts d'État.

Dans notre gouvernement, nous aurons grand soin qu'il ne puisse se produire d'arrêt dans la circulation de l'argent ; nous n'aurons donc pas de ces emprunts d'État, sauf un seul consistant en bons du Trésor, émis à 1 % ; ce faible pourcentage n'exposant pas l'État à être saigné par les sangsues.

Le droit d'émettre des valeurs appartiendra exclusivement aux sociétés commerciales. Celles-ci n'auront aucune difficulté à payer les intérêts sur leurs bénéfices parce qu'elles empruntent de l'argent pour leurs entreprises commerciales, tandis que l'État ne peut tirer aucun bénéfice de ses emprunts, puisqu'il ne les fait que pour dépenser l'argent qu'il en reçoit.

L'État deviendra créancier.

L'État achètera, lui aussi, des valeurs commerciales ; il deviendra, à son tour, un créancier au lieu d'être débiteur et de payer tribut comme il le fait de nos jours. Ceci mettra fin à l'indolence et à la paresse qui nous rendaient service tant que les Gentils étaient indépendants, mais qui seraient honnies dans notre gouvernement.

La faillite, seule issue pour les non-juifs.

Le vide qui existe dans le cerveau purement bestial des Gentils est suffisamment prouvé par le fait qu'ils ne comprennent pas qu'en nous empruntant de l'argent ils auront, un jour ou l'autre, à soustraire des ressources du pays le capital emprunté avec ses intérêts. Il aurait été plus simple de prendre, tout de suite, l'argent des leurs, auxquels ils n'auraient pas eu à payer d'intérêts. Voilà qui prouve notre génie et le fait que notre peuple a été choisi par Dieu. Nous avons si bien présenté les choses que les Gentils ont cru qu'il y avait pour eux un bénéfice à tirer des emprunts.

Nos calculs, que nous exposerons en temps voulu et qui ont été élaborés au cours des siècles, tandis que les Gentils gouvernaient, différeront des leurs par leur extrême clarté et convaincront le monde des avantages de nos plans nouveaux. Ces plans mettront fin aux abus qui nous ont permis de nous rendre maîtres des Gentils et que nous ne tolérerons pas sous notre règne. Notre budget sera compris de telle façon qu'il sera impossible au souverain, comme au plus petit employé, de distraire la moindre somme d'argent sans être vu, ou de lui donner un tout autre emploi que celui qui a été prévu.

Il est impossible de gouverner avec succès si l'on n'a pas un plan fixe bien défini. Les chevaliers et les héros eux-mêmes périssent s'ils s'aventurent dans un chemin sans savoir où il conduit et s'ils partent en voyage sans s'être convenablement approvisionnés.

Les souverains des Gentils, encouragés par nous à abandonner leurs devoirs, pour ne penser qu'à paraître, à recevoir fastueusement et à se divertir de toute manière, nous ont servi d'écran pour dissimuler nos intrigues.

Les rapports de leurs partisans, envoyés pour représenter le souverain en public, étaient faits, en réalité, par nos agents. Ces rapports étaient toujours rédigés de façon à plaire aux souverains à l'esprit borné.

On ne manquait pas de les assaisonner de projets variés d'économie future. Ils auraient pu demander : « Comment pourrait-on économiser ? Serait-ce par de nouveaux impôts ? » Mais ils ne posaient aucune question semblable aux lecteurs de nos rapports.

Vous savez vous-mêmes à quel chaos financier ils ont abouti, par leur propre négligence ; ils ont fait banqueroute, en dépit de tous les durs efforts de leurs sujets.

Vingt et unième protocole

Mécanisme des emprunts nationaux.

Je veux maintenant reprendre le sujet de notre dernier entretien et vous donner une explication détaillée sur les emprunts nationaux. Je ne parlerai plus des emprunts étrangers, parce qu'ils ont rempli nos coffres de l'argent des Gentils, et encore parce que notre gouvernement universel n'aura pas de voisins à qui emprunter d'argent.

Nous avons employé la corruption des hauts fonctionnaires et la négligence des souverains des Gentils pour faire verser à l'État deux et trois fois l'argent par nous avancé, et dont, en réalité, il n'avait pas besoin. Qui pourrait en faire autant à notre égard ? Je passe donc aux détails sur les emprunts nationaux.

En annonçant l'émission d'un emprunt national, le gouvernement ouvre une souscription. Pour que les valeurs émises soient à la portée de tous, elles sont à très bas prix. Les premiers souscripteurs peuvent acheter au-dessous du pair. Le second jour, le prix augmente, pour donner l'impression que tout le monde se les arrache.

Quelques jours plus tard, les coffres du Trésor sont pleins de l'argent souscrit surabondamment. (Pourquoi continue-t-on de prendre l'argent lorsque l'emprunt est couvert et au-delà ?) La souscription est, évidemment, bien supérieure à la somme inscrite pour l'emprunt ; c'est là qu'est tout le succès : le public a toute confiance dans le gouvernement !

Les dettes d'État et les impôts.

Mais, quand la farce est jouée, il ne reste plus que le fait d'une énorme dette à payer. Et, pour en servir les intérêts, il faut que le gouvernement ait recours à un nouvel emprunt qui n'annule pas la dette de l'État mais qui l'augmente, tout au contraire. Lorsqu'il ne lui est plus possible d'emprunter, l'État lève de nouveaux impôts pour arriver à payer les intérêts de ses emprunts. Ces impôts ne sont pas autre chose que des dettes qui couvrent d'autres dettes.

Les conversions d'emprunts.

Nous arrivons alors aux conversions d'emprunts, mais ces conversions ne font que diminuer la somme d'intérêts à payer, sans éteindre la dette. De plus, on ne peut les faire qu'avec le consentement des créanciers. Lorsqu'on annonce ces conversions, on laisse le droit aux créanciers de les accepter ou non, et, dans ce dernier cas, ils peuvent retirer leur argent. Si tout le monde retirait son argent, l'État se trouverait pris dans ses propres filets et ne pourrait satisfaire toutes les demandes. Par bonheur pour les gouvernements, les Gentils n'entendent pas grand'chose aux questions financières, et ils ont toujours préféré consentir à une diminution de leurs valeurs et à une réduction des intérêts, plutôt que de risquer de nouveaux placements : c'est ainsi qu'ils ont souvent aidé l'État à se libérer de ses dettes s'élevant, dans certains cas, à plusieurs millions.

Les Gentils n'oseraient pas opérer de même pour les emprunts étrangers, sachant très bien que nous exigerions alors tous nos capitaux.

Ne pas éveiller la méfiance du peuple.

En agissant de la sorte, le gouvernement admettrait ouvertement son insolvabilité, ce qui montrerait au peuple que ses intérêts n'ont rien de commun avec ceux de l'État. J'attire tout particulièrement votre attention sur ce point, comme sur le suivant.

La consolidation des emprunts nationaux.

Tous les emprunts nationaux sont, actuellement, consolidés par ce qu'on appelle des emprunts provisoires, dont l'échéance est de courte durée. Ces emprunts sont couverts au moyen de dépôts dans les banques d'État ou à la Caisse d'épargne. Cet argent étant à la disposition de l'État pendant un temps considérable, il est employé à payer les intérêts des emprunts étrangers, et le gouvernement remplace l'argent qu'il prend dans ces banques par des valeurs d'État. Ce sont ces valeurs qui couvrent tous les déficits dans les coffres des gouvernements des Gentils.

Détruire le marché des valeurs.

Toutes ces opérations frauduleuses disparaîtront lorsque notre souverain montera sur le trône universel. Nous détruirons également le marché des valeurs, parce que nous ne permettrons pas que notre prestige puisse être ébranlé par la hausse ou la baisse de nos fonds, dont la valeur nominale sera fixée par la loi, sans possibilité de fluctuation. La hausse est la cause de la baisse, et c'est par les hausses que nous sommes arrivés à discréditer les fonds publics des Gentils.

Monopoliser les affaires commerciales.

Nous substituerons aux marchés des valeurs d'énormes administrations d'État, dont le service consistera à taxer, suivant les ordres reçus, les entreprises commerciales. Ces administrations seront à même de lancer sur le marché des millions d'actions commerciales ou de les acheter en un seul jour. Toutes les affaires commerciales seront ainsi entre nos mains.

Vous pouvez imaginer quelle force sera la nôtre !

Vingt-deuxième protocole

Nos plans secrets.

Dans tout ce que je vous ai dit jusqu'ici, j'ai cherché à vous faire un tableau exact du mystère des événements actuels et de ceux du passé ; tous voguent au gré des flots du Destin, et nous en verrons le résultat dans un avenir prochain. Je vous ai montré nos plans secrets mis à exécution dans nos rapports avec les Gentils, puis notre politique financière. Je n'ai plus que quelques mots à ajouter.

L'or est entre nos mains.

La plus grande force des temps présents est concentrée entre nos mains : c'est l'or. En deux jours, nous pouvons en faire sortir de nos trésors secrets n'importe quelle somme.

Est-il nécessaire, après cela, de prouver que notre gouvernement est voulu par Dieu ? Est-il admissible qu'avec d'aussi vastes richesses nous ne soyons pas capables de prouver que tout l'or accumulé pendant tant de siècles ne nous soit une aide pour faire triompher notre vraie cause pour le bien, c'est-à-dire pour la restauration de l'ordre sous notre gouvernement ?

Peut-être faudra-t-il employer la violence, mais cet ordre sera définitivement établi. Nous prouverons que nous sommes les bienfaiteurs qui avons rendu au monde torturé la paix et la liberté perdues. Nous donnerons au monde l'occasion de ressaisir cette paix et cette liberté, mais à une condition expresse : celle d'adhérer strictement à nos lois. De plus, nous rendrons évident à tous que la liberté ne consiste pas dans la dissolution, ni dans le droit de faire tout ce qui plaît ; que la position de la puissance d'un homme ne lui confère pas le droit de proclamer des principes destructeurs comme la liberté de religion, l'égalité ou autres idées analogues. Nous démontrerons clairement que la liberté individuelle ne donne pas le droit de s'agiter ou d'exciter les autres par des discours ridicules adressés aux masses en délire. Nous enseignerons au monde que la vraie liberté consiste seulement dans l'inviolabilité de la personne et de la propriété de ceux qui adhèrent à toutes les lois de la vie sociale, que la position d'un homme dépendra de sa conception des droits d'autrui et que sa dignité lui défend d'avoir sur lui-même des idées fantastiques.

Ne céder devant aucun droit.

Notre domination sera glorieuse parce qu'elle sera forte et qu'elle gouvernera et guidera, sans se mettre à la remorque des chefs de la populace ou d'orateurs, quels qu'ils soient, clamant des paroles insensées qu'ils appellent de grands principes et qui ne sont, en réalité, que des utopies. Notre puissance sera l'organisatrice de l'ordre, principe du bonheur public. Le prestige de cette puissance lui attirera une adoration mystique, en même temps que l'assujettissement de toutes les nations. Une vraie puissance ne doit céder devant aucun droit, pas même devant celui de Dieu. Personne n'osera s'en approcher avec l'intention de la diminuer, ne fût-ce que d'un fil.

Vingt-troisième protocole

Combattre le luxe.

Pour que les hommes s'habituent à nous obéir, il faut qu'ils soient élevés dans la simplicité ; c'est pourquoi nous réduirons la production des objets de luxe. De cette façon, nous imposerons aussi les bonnes murs que viennent corrompre les rivalités engendrées par le luxe.

Encourager le travail.

Nous encouragerons le travail manuel pour faire du tort aux manufactures privées.

La nécessité de telles réformes se manifeste dans ce fait que les grands usiniers incitent souvent leurs ouvriers contre le gouvernement, peut-être même sans s'en douter.

Le problème du chômage.

Le peuple employé dans les industries locales ne sait pas ce que c'est que le « chômage » ; c'est ce qui l'attache à l'ordre existant et lui fait soutenir le gouvernement ; mais il n'y a pas de plus grand danger pour le gouvernement que le chômage.

Pour nous, le chômage aura terminé son œuvre lorsque, par lui, nous aurons obtenu le pouvoir.

L'ivrognerie sera également prohibée comme un crime de lèse humanité et punie comme tel, car l'alcool ravale l'homme au niveau de la bête.

Les nations ne se soumettent aveuglément qu'à un pouvoir fort, absolument indépendant, ayant en main une épée pour se défendre contre toute insurrection sociale. Pourquoi exigeraient-elles que leur souverain soit un ange ? Il faut qu'il soit la personnification de la force et de la puissance.

Le monde actuel sombrera dans l'anarchie.

Un chef doit surgir : il supprimera les gouvernements existants que faisait vivre une foule dont nous avons amené la démoralisation en la jetant dans les flammes de l'anarchie. Le chef en question commencera par éteindre ces flammes qui jaillissent sans cesse de tous côtés.

Pour obtenir un tel résultat, il devra détruire toutes les sociétés capables d'allumer l'incendie, même s'il doit pour cela répandre son propre sang. Il devra former une armée bien organisée qui combattra, sans trêve, l'infection de l'anarchie, véritable poison pour un gouvernement.

Notre roi sera l'élu de Dieu.

Notre souverain sera l'élu de Dieu, avec la mission de détruire toutes les idées provenant de l'instinct et non de la raison, de la brutalité et non de l'humanité. Ces idées sont à l'ordre du jour, couvrant de la bannière du droit et de la liberté leurs rapines et leurs violences.

De telles idées ont détruit toutes les organisations sociales, préparant ainsi le règne du roi d'Israël.

Mais leur rôle sera fini lorsque commencera le règne de notre souverain. C'est alors qu'il faudra les balayer pour purifier de toute souillure le chemin de notre roi.

Nous pourrons alors dire aux nations : «Priez Dieu et courbez-vous devant Celui qui est marqué du sceau des prédestinés et dont Dieu Lui-même guide l'étoile, afin que nul autre que Lui ne puisse libérer l'humanité de tout péché.»

Vingt-quatrième protocole

**Comment affermir la domination
de la dynastie de David.** — Nous allons parler,
maintenant, de la manière dont nous affermirons la dynastie
de David pour qu'elle puisse durer jusquà la fin des temps.

Notre procédé consistera particulièrement dans les
mêmes principes qui valurent à nos Sages le gouvernement
des affaires du monde, c'est-à-dire la direction de l'éducation
de toute la race humaine.

Plusieurs membres de la famille de David prépareront
des rois et leurs successeurs, qui seront élus non par droit
d'hérédité, mais d'après leur valeur. Ces successeurs seront
initiés à nos mystères politiques secrets et à nos plans de
gouvernement, en prenant toute précaution pour que nul
autre ne puisse les connaître.

De telles mesures seront nécessaires, afin que tout le
monde sache que seuls sont capables de gouverner ceux qui
ont été initiés aux mystère de l'art politique. Ce n'est quà ces
hommes seuls qu'on apprendra comment il faut appliquer
nos plans dans la pratique, en se servant de l'expérience
des siècles passés. On les initiera aux conclusions à déduire
de toutes les observations qu'ils pourront faire sur notre
système politique et économique et à toutes les sciences
sociales. En un mot, on leur dira le véritable esprit des lois
qui ont été établies par la nature elle-même pour gouverner
l'humanité.

Plus d'hérédité naturelle.

Les successeurs directs du souverain sont écartés si,
pendant leur éducation, on s'aperçoit qu'ils sont frivoles ou
trop sensibles, ou s'ils montrent quelque autre tendance

susceptible de nuire à leur puissance ou de les rendre incapables de gouverner et d'être même un danger pour le prestige de la couronne.

Nos Sages ne confieront les rênes du gouvernement qu'à des hommes capables de régner avec fermeté, au risque peut-être d'être cruels.

En cas de maladie ou de perte d'énergie, notre souverain sera obligé de passer les rênes du gouvernement à tel membre de sa famille qui se serait montré plus capable que lui.

Les plans du roi pour le présent et, plus encore, pour l'avenir ne seront même pas connus de ceux que l'on appellera ses conseillers les plus intimes.

Notre roi et ses trois conseillers.

Seul notre souverain et ses trois initiateurs connaîtront l'avenir.

Notre roi, incarnation du Destin.

Le peuple croira reconnaître le Destin lui-même et toutes ses voies humaines dans la personne du souverain qui gouvernera avec une fermeté inébranlable, exerçant son contrôle sur lui-même et sur l'humanité. Personne ne connaîtra les intentions du souverain quand il donnera ses ordres ; nul n'osera donc entraver sa course mystérieuse.

Il faut, naturellement, que notre souverain ait un cerveau capable d'exécuter nos plans. Il ne montera donc sur le trône que lorsque ses facultés intellectuelles auront été vérifiées par nos Sages.

Pour s'assurer l'amour et la vénération de tous ses sujets, notre souverain devra souvent leur adresser la parole en public. Les deux puissances, celle du peuple et celle du souverain, s'harmoniseront au contact, au lieu de rester séparées, comme chez les Gentils, où l'une regardait l'autre avec terreur.

Il nous fallait maintenir ainsi ces deux puissances dans cet état de terreur mutuelle, pour qu'une fois séparées elles tombassent dans nos mains.

Notre souverain doit être irréprochable.

Le roi d'Israël ne devra pas être dominé par ses passions, particulièrement par la sensualité. Il ne laissera pas dominer les instincts animaux qui affaibliraient ses facultés mentales. La sensualité, plus que toute autre passion, détruit, fatalement, toutes les facultés de l'intelligence et de la prévoyance ; elle dirige la pensée des hommes vers le plus mauvais côté de la nature humaine.

La Colonne de l'Univers, en la personne du Gouverneur du Monde, issu de la Sainte Race de David, doit renoncer à toutes passions pour le bien de son peuple.

Notre souverain doit être irréprochable.

- the-savoisien.com
- pdfarchive.info
- vivaeuropa.info
- freepdf.info
- aryanalibris.com
- aldebaranvideo.tv
- histoireebook.com
- balderexlibris.com

www.ingramcontent.com/pod-product-compliance
Lightning Source LLC
Chambersburg PA
CBHW031305060726
47590CB00003B/1076